# 新・現代文
# レベル別問題集

# 2
## 初級編

JN042143

東進ハイスクール・東進衛星予備校 講師
輿水淳一
KOSHIMIZU Junichi
西原剛
NISHIHARA Takeshi

東進ブックス

# はじめに

上達は「上手な人の真似」をするところから始まる。しかし「文章を読んで理解する」という営みは、目に見えない。だから、上手な人の真似をすることが難しい。また、自分が上手に読めているのかどうかも、他人と比べられないのでわかりにくい。「ちゃんと文章を読もう」と言われても「ちゃんと読む」とはどういうことかがわからない。本書は、そこにメスを入れることを目指した。文章を読むことの得意な人が無意識的にしていること、文章を読んでいるときや設問を解いているときに考えていることを、できるだけ言語化、視覚化することを企てた。存分に真似てほしい。この本をやり通したとき、以前の自分とは違う自分を発見するはずだ。

著者　輿水淳一

予備校講師として駆け出しの頃、僕は、なるべく単純に、なるべく機械的に答えを導き出せるような「読解マニュアル」作りに励んでいました。数年の歳月を経て一応それらしいものが完成しましたが、同時に「実際、こんなに単純に考えていないよな。何か現実離れしているな」という疑念が生まれていました。文章を読むとき、僕たちは本当にたくさんのことを考え、色々と迷いながら理解を深めていきます。本書では、そういった「頭の中」を示すことにこだわりました。この本には、ある意味「当たり前」のことが書かれていますが、それでも類書にはない新しさがあります。受験現代文を「読む」ということの本道に戻したい。それが著者の願いです。

著者　西原剛

## ❷本書の特長――どの文章にも通用する「揺るぎない読解力」が身に付く問題集――

『新・現代文レベル別問題集』最大の特長は、現代文講師として第一線で教鞭を執り続ける二人の講師の「脳内」を、ビジュアルに示したことです。

現代文が「できる」人は、文章を読む際にどんなことを考え、どのように理解しながら読んでいるのか。一文を読んだときの、その瞬間、そこで起こっている思考の過程を、簡潔な文章と図版(イラスト)で、できる限りわかりやすく示しました。自分一人では理解が困難な文章でも、解説を読めば必ず「わかる」ように、「徹底的に」「丁寧に」一つひとつの文章を解き明かしています。

さらに本シリーズは、次の3つの柱を軸に構成されており、入試現代文で高得点を取るために必要な力を、無理なく・無駄なく養うことができる仕組みとなっています。

**【本シリーズ3つの柱】**

① 現代文の核となる力「読解方略」[*1]を、講師が動画でわかりやすく解説。どの文章にも、どの問題にも通用する〝揺るぎない読解力〟を身につけることができます。

② 現代文の学力を伸ばすための「考え方」や「アドバイス」[*2]を随所に掲載。ただ問題を解くだけでなく、その先の学習・入試合格までを見据え、現代文で役立つ内容を盛り込みました。

③ 実際の入試で出題された良問を厳選し[*3]、レベル別に分けて掲載。自分に最適なレベルから始め、志望校レベルまで、段階的に学力を上げることができます。

文章を「きちんと読む」ことさえできれば、必ず「正解」は導き出せる。そこにこだわり抜いて制作した本シリーズは、現代文を学ぶすべての人々の〝新たな道しるべ〟となるでしょう。

**◆補足説明**

＊1…読解方略とは「文章の意味をきちんと理解しながら読むコツ」のこと。詳細は18～21ページ参照。

＊2…解説編の内容はもちろん、各講の「扉」や問題編巻末の「おすゝめ本一覧」、解説編の「生徒からの質問コーナー」、そして、解説文中で語られる「雑談」など、現代文を楽しく理解しながら学力を上げる工夫を随所に盛り込みました。

＊3…講師が数多くの入試問題から厳選に厳選を重ねて選び抜いた、本当に現代文の力を伸ばすことができる良問のみを掲載しています。

## ❸レベル②の特長

レベル②は、基礎～標準レベルの入試問題を主な題材として、読解の基本を固めます。基礎～標準といっても、文章自体はそれなりに読み応えのあるものがそろっています。評論、小説、随筆、それぞれに魅力ある文章を楽しみながら、読み方だけでなく、入試に必須の語彙、背景知識、自信を持って正解を選べる解き方も学んでいきましょう。記述式問題の基礎トレーニングにも向いています。

この問題集で紹介している「読解方略（18～21ページ）」は、苦手な人から得意な人まで、すべての人に実践してもらいたい方法論です。どんなレベルでも「やるべきこと」は変わりません。問題集のレベルの違いは、題材となる文章や設問の難しさの違いだと考えてください。

各レベルについても紹介しておきます。


【レベル①】現代文初学者向けの読みやすい文章を主な題材として、読解の基本を学びます。

【レベル②】基礎～標準レベルの入試問題を主な題材として、読解の基本を固めます。

【レベル③】標準レベルの入試問題を主な題材として、実践的な読解力と解答力を身に付けます。

【レベル④】有名私立大学の問題を主な題材として、実践的な読解力と記述力を磨きます。

【レベル⑤】難関私立大学・上位国公立大学の問題を主な題材として、高度な読解力と記述力を身に付けます。

【レベル⑥】最難関国立大学の問題を主な題材として、高度な読解力と記述力の完成を目指します。


「読解方略」は、何度も何度も反復することで次第に「自分のもの」になっていきます。入試までに時間的な余裕があれば、現代文が得意な人も、レベル①からじっくり取り組むと良いでしょう。

## 【志望校レベルと本書のレベル対応表】

| 難易度 | 偏差値 | 志望校レベル 国公立大（例） | 志望校レベル 私立大（例） | 本書のレベル（目安） |
|---|---|---|---|---|
| 難 | 〜67 | 東京大，京都大 | 国際基督教大，慶應義塾大，早稲田大 | |
| | 66〜63 | 一橋大，東京外国語大，国際教養大，筑波大，名古屋大，大阪大，北海道大，東北大，神戸大，東京都立大，大阪公立大 | 上智大，青山学院大，明治大，立教大，中央大，同志社大 | ⑥最上級編 |
| | 62〜60 | お茶の水女子大，横浜国立大，九州大，名古屋市立大，千葉大，京都府立大，奈良女子大，金沢大，信州大，広島大，都留文科大，静岡県立大，奈良県立大 | 東京理科大，法政大，学習院大，武蔵大，中京大，立命館大，関西大，成蹊大 | ⑤上級編 |
| | 59〜57 | 茨城大，埼玉大，岡山大，熊本大，新潟大，富山大，静岡大，滋賀大，高崎経済大，長野大，山形大，岐阜大，三重大，和歌山大，島根大，香川大，佐賀大，岩手大，群馬大 | 津田塾大，関西学院大，獨協大，國學院大，成城大，南山大，武蔵野大，京都女子大，駒澤大，専修大，東洋大，日本女子大 | ④中級編 |
| | 56〜55 | 〈共通テスト〉，広島市立大，宇都宮大，山口大，徳島大，愛媛大，高知大，長崎大，福井大，新潟県立大，釧路公立大，大分大，鹿児島大，福島大，宮城大，岡山県立大 | 玉川大，東海大，文教大，立正大，西南学院大，近畿大，東京女子大，日本大，龍谷大，甲南大 | ③標準編 |
| | 54〜51 | 弘前大，秋田大，琉球大，長崎県立大，名桜大，青森公立大，石川県立大，秋田県立大，富山県立大 | 亜細亜大，大妻女子大，大正大，国士舘大，東京経済大，名城大，武庫川女子大，福岡大，杏林大，白鴎大，京都産業大，創価大，帝京大，神戸学院大，城西大 | ②初級編 |
| | 50〜 | 北見工業大，室蘭工業大，公立はこだて未来大 | 大東文化大，追手門学院大，関東学院大，桃山学院大，九州産業大，拓殖大，摂南大，沖縄国際大，札幌大，共立女子短大，大妻女子短大 | ①超基礎編 |
| 易 | - | 一般公立高校（中学レベル） | 一般私立高校（中学〜高校入門レベル） | |

※東進主催「共通テスト本番レベル模試」の受験者（志望校合格者）得点データをもとに算出した、主に文系学部（前期）の平均偏差値（目安）です。

### ●志望校別の使用例

▼**現代文が苦手な人**…必ずレベル①から始め、文章を読むこと・問題を解くことに慣れていきましょう。

▼**第一志望が「明青立法中／関関同立」などの有名私大の人**…現代文を基礎から始めて高得点を取りたい人は、①〜⑤までやり切りましょう。基礎が固まっている人は、②〜⑤を学習しましょう。

▼**第一志望が「旧七帝大」などの国公立大の人**…共通テストから記述・論述まで対策するため、レベル①〜⑥をやり切りましょう。時間がない人は、③〜⑥を学習し、あとは過去問演習を徹底しましょう。

## ❹本書の使い方

### 【問題編】

問題編は[*1]〈扉〉・〈問題文〉という構成です。扉につづられた講師のコメントを読み、解答時間を確認してから問題を解きましょう。

**〈扉〉**
各講の最初のページに「扉」を設けています。出典・出題大学名などが確認できます。内容に興味を持った書籍があったら、ぜひ読んでみてくださいね。

**導入コメント**
各講のはじめに、本文への興味をかきたてる導入コメントがあります。問題を解く前に読んでみましょう。解説編の扉は、もう一人の講師（＊2）による違う観点からの文章です。

**解答時間・目標点**
解答時間（制限時間）と目標得点を設けることで、現在の自分の学力を判定できるようになっています。

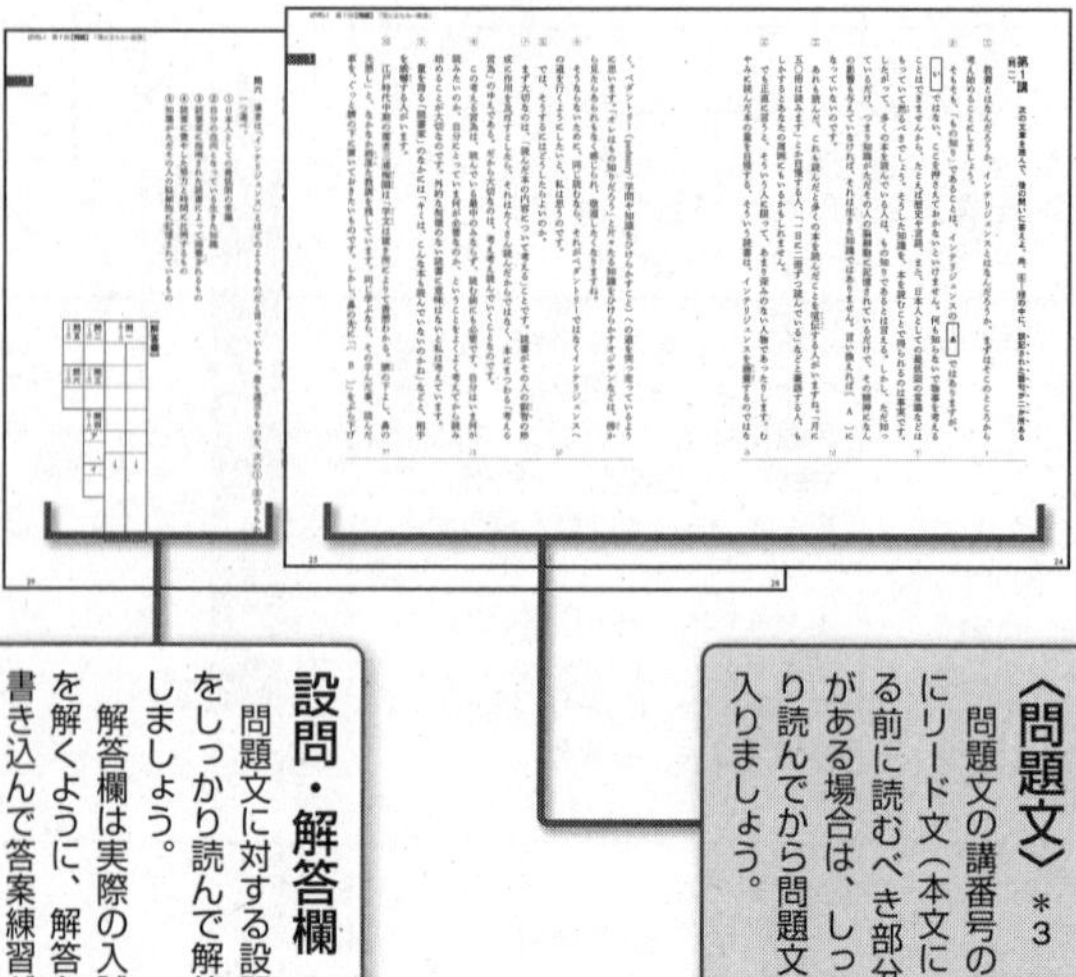

**〈問題文〉**＊3
問題文の講番号の下にリード文（本文に入る前に読むべき部分）がある場合は、しっかり読んでから問題文に入りましょう。

**設問・解答欄**
問題文に対する設問をしっかり読んで解答しましょう。
解答欄は実際の入試を解くように、解答を書き込んで答案練習ができるようになっています。

---

**◆補足説明**

＊1…本シリーズは、見やすさ・使いやすさを追求し、「問題編」と「解説編」を別々の冊子にして1枚のカバーでくるむ製本を採用しました。冊子をきれいに取り出し、別々の冊子として学習することができる仕様になっています。

＊2…扉文章は、
▼「問題編」が輿水先生の場合、「解説編」は西原先生
▼「問題編」が西原先生の場合、「解説編」は輿水先生
が書いています。また、問題編の扉文章を書いている講師が、その問題の解説を担当しています。

＊3…問題文は基本的に過去の大学入試問題から引用していますが、都合により一部改変している場合もあります。また、現代文の力を確実に伸ばし、あらゆる入試問題に対応できる力を養うという観点から、講師が厳選した「オリジナル問題」も含まれています。

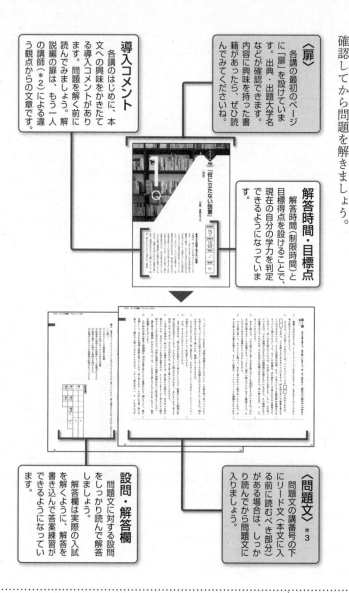

## 【解説編】

問題を解き終わったら、〈全文解釈〉を読み、講師の思考や理解の仕方を学びましょう。同時に〈解答・解説〉で正解を導き出すまでの過程を確認しましょう。

### 〈全文解釈〉

問題編の問題文を掲載しています。文中のマーカーや注釈（番号や色）は、下段の「脳内活動・重要語彙」に対応しています。また、本文の左横に掲載している黒フキダシには、短い脳内活動を記載しています。

※脳内活動マーカーの色は、次の内容を示しています。（詳細は解説編2ページを参照）

●青→具体化
●赤→追跡
●緑→予測
●紫→位置づけ
●灰→モニタリング
●橙→その他

### 脳内活動・重要語彙＊1

問題文を読んでいるときの講師の思考を、簡潔な文章や図版（イラスト）で示しています。また、重要表現や語彙も解説しています。

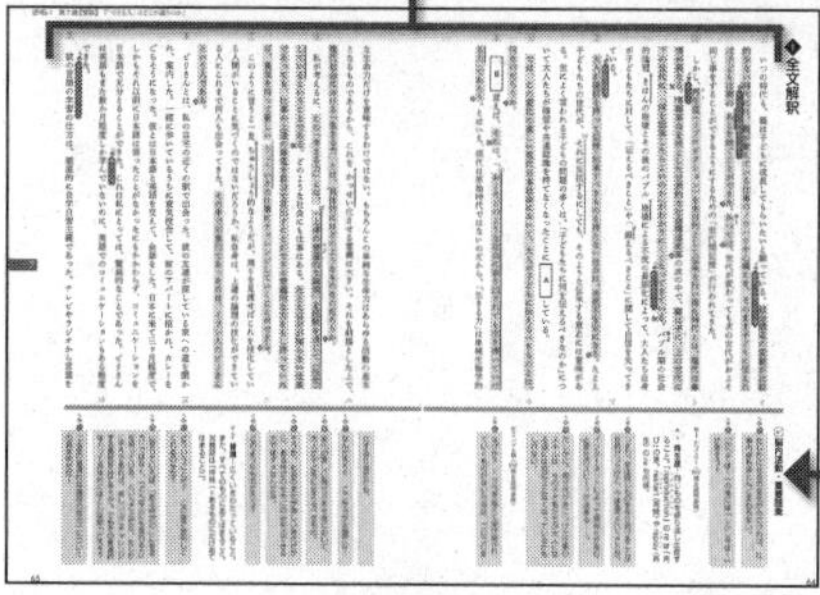

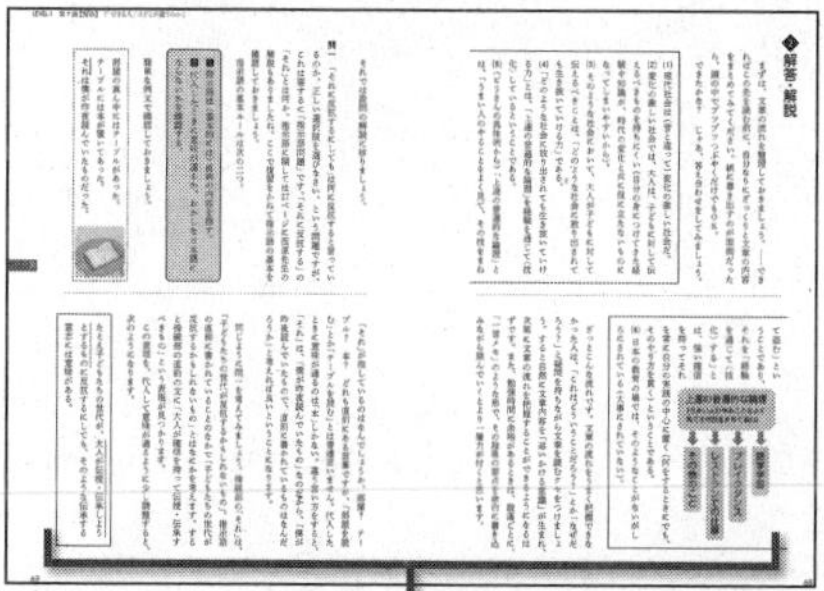

### 〈解答・解説〉

設問に対する解答と解説です。解説文中には次のような要素があります。＊2

●まとめ…解説中の重要部分やまとめを「実線の四角囲み」で示しています。
●重要定義…現代文学習で大切なことを「ピンク色背景の囲み」で示しています。
●例…「点線の四角囲み」で示しています。
●引用…問題文や設問文を引用している部分を「上下の横棒線」で示しています。
●雑談…雑談の開始と終わりを紫色の〈＊〉で示しています。

### ◆補足説明

＊1…脳内活動の色分けはあくまで便宜的なものです。たとえば、「追跡と予測が同時に起こる」というように、それぞれの方略は互いに重なる部分があります。方略を「区別する」ことよりも、（明確に区別できなくても良いので）「実践する」ことを意識してください。

＊2
▼まとめ
▼重要定義
▼例
▼引用
▼雑談
〈＊〉……□□□■□□□□■……。〈＊〉

# 目次

# 序章

## ――文章を「読む」とはどういうことなのか――

### ◆現代文読解への扉

入試現代文では、さまざまなジャンルの文章が出題されますが、試験で合格点を取るためには、はじめて読む文章をその場で理解しなければなりません。したがって、現代文学習で身に付けるべき最も重要な力は「与えられた文章をきちんと読んで理解する力」です。そこで、序章では「文章をきちんと読んで理解する」ということについて、現代文講師が文章を読んでいるときの「頭の中」や、文章読解の得意な人が行っている「読解方略」といった内容も含めて、詳しく説明していきます（P18のQRコードから読解方略の解説動画が視聴できます）。文章を「読む」ことへの意識を高め、あらゆる文章・設問に対応できる「揺るぎない読解力」を身に付けましょう。

# 序章

**輿水**　じゃあ、さっそく始めていこうと思うんだけど、その前に一つ、確認したいことがある。すごく重要なことだ。

君は、文章の意味を理解しながら読んでいるか？

たとえば、これは？

「人はみな、自己の欲望に突き動かされて生きている」

大丈夫？

じゃ、これは？

「人間の欲望は〈他者〉の欲望である」

どうだろう。一つひとつの言葉は、難しくない。でも……。

ここで大切なことを一つ、言っておきたい。

自分が文章の意味を理解しているのか、していないのかに自覚的であれ。

さっきの文章を理解できたかどうかが大事なのではない。そうではなくて、自分が理解しているかどうかを、自分でちゃんとチェックできていたかどうか。それが大事。自分がちゃんと理解できていないことに気づかずに文章を読んでいる人はずいぶん多い。まずはその無自覚な状態から脱却しよう。

「理解していない」ことにきちんと向き合うことで、はじめて「理解しよう」とか、「どうすれば理解できるのか」とかっていう前向きな考えが生まれてくる。自分がスマホ依存に陥っていることに気づいていない人は、依存から抜け出すための努力なんてできないよね、きっと。そういうこと。

ということで、今から「君がどれくらい文章の意味を理解できているか」、それを試すちょっとしたテストをしてみたい。

　このテストが簡単に解けたなら、君はまあ普通に文章を読めている。でも、もし、なかなか解けなかったとしたら——君の読み方は、意味の理解をなおざりにした、早急に改善しなければならない読み方だ、ということになる。どんなテストかっていうと、なんてことはない。単純な「間違い探し」だ。とはいっても、実際に中央大学の法学部で出題された、れっきとした入試問題だ。まあ、クイズ感覚で楽しんでみてほしい。答えはあとで言うけど、なるべく自力で考えてみよう。間違いの箇所に気づくまで何度でも読み返していいから、なんとしても、自力で答えを出してみてほしい。

**【問題】** 次の文章中に一か所故意に誤記された箇所がある。その部分を左の㈸に従って本文中から抜き出し、正しく書き換えなさい。

㈸　と思っている→と思っていない

　言葉でリンゴといえば、それはリンゴだけをさし示しますが、画面のリンゴは避けようもなく、それを載せた皿やテーブル、背後にある壁紙の色までも伝えてしまいます。視聴覚イメージは言葉にくらべると、対象の輪郭を区切りとって、それを矢印によってさし示す機能が弱いのです。抽象的な観念を示す力が弱いのはもちろんのこと、たとえば、あるものがそこに「ない」という状態を人に注意させることは、ほとんど不可能です。言葉は、一箇の特定のリンゴがそこにないことを表すことができませんが、画像はただ不特定の空虚、なにもない空間を示すことしかできないからです。

（山崎正和『近代の擁護』）

**輿水**　どうかな？　一読してすぐに間違いの箇所に気づいた人は、この文章の意味をちゃんと理解して読めていると思う。その調子でより難解な文章にもチャレンジしていこう。

で、一読しただけではわからなかった人！　もしくは、何度読み返してもわからなかった人！　答えを教える前に、とりあえず、なぜわからなかったかを言ってしまおう。それは君が文章の意味を考えないままに、ただ文字を眺めていただけだからだ。君の読み方が、字面《じづら》を眺めているだけの「字面読み」だったからだ。

「字面読み」から脱却することはなかなか難しいけど（僕も時々「字面読み」してしまう）、でも、いくつかのことに留意することで、必ず少しずつ改善していくから焦る必要はない。焦って怪しい「テクニック」に頼って、文章の意味をおろそかにしてしまうのだけは避けよう。人生損するからね。

じゃあ、文章の意味を理解しながら読んでいる人は、どんなふうに読んでいるんだろう。「読めている人」の頭の中はどうなっているんだろう？　ここで我が相棒、西原先生にご登場いただいて、西原先生がさっきの文章をどう読んでいたか、その頭の中をのぞいてみよう。

**西原**　こんにちは。西原です。頭の中をのぞかれるのは、Ａｍａｚｏｎプライムの購買履歴をのぞかれるような恥ずかしさがあるのですが、「脳内を見栄を張らずに提示する」のがこの本のコンセプトの一つでもあるので、どんどん見せていきましょう！　以下、（　）内の灰色の部分が、文章を読むときに僕が頭の中で行なっていた活動（＝「脳内活動」）です。

言葉でリンゴといえば、それはリンゴだけをさし示します（こんな感じかな→【図1】。何が言いたいんだろう？）が、画面のリンゴ（画面？　テレビ画面に映ったリンゴかな？）は避けようもなく、それを載せた皿やテーブル、背後にある壁紙の色までも伝えてしまいます（確かに。テレビや写真でリンゴを見ると、リンゴ以外の皿やテーブルも目に入ってくるな→【図2】）。視聴覚イメージ（視覚と聴覚だから、「テレビ画面を見る時」で具体的に考えてみよう）は言葉にくらべると、対象の輪郭を区切りとって、それを矢印によってさし示す機能（【図1】のような機能）が弱いのです（画面だとどうしても皿とかテーブルが入っちゃうもんな。確かに、リンゴだけを指す力は弱い気がする）。抽象的な観念（たとえば「正義」とか「人権」とか）を示す力が弱い（たとえば、「正義」のような形のないものをテレビ画面で映し出すのは難しいよな）のはもちろんのこと、たとえば、あるものがそこに「ない」という状態を人に注意させることは、ほとんど不可能です（ん？　どういうこと…？　ここはゆっくり読もう。リンゴで具体的に考えると……「リンゴがそこに『ない』という状態を人に注意させることは難しい」ってことだよな……。あぁ、確かに映像で「『リンゴがない』と思わせる」のは難しいな。だって、こんな映像〈【図3】〉を見せられた人は、「なにもないな」とは思っても、「リンゴがないな」とは思わないもんな。画像によって「ない」という状態に意識を向けさせることは、ほとんど不可能ということか）。言葉は、一箇の特定のリンゴがそこにないことを表すことができません（!! 映像に比べて、言葉で「リンゴがない」ことを伝えるのは簡単なはずだから、「できません」はおかしい。ここが設問の答えか）が、画像はただ不特定の空虚、なにもない空間を示すことしかできないからです（前と同じような内容。「なにも置いていない部屋の写真」を見た人は、「なにもないな」とは思っても「リンゴがない部屋だな」とは思わない）。

【図1】

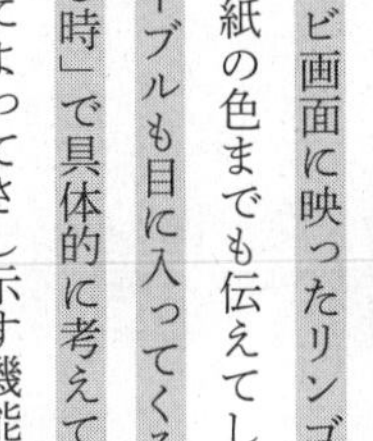


【図2】

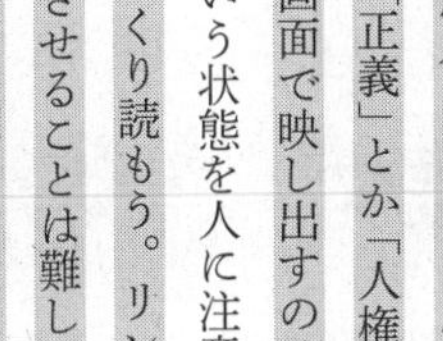

【図3】

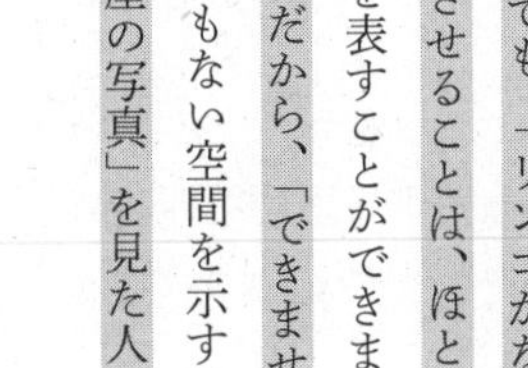

**輿水**　ありがとうございます！　そうです、正解は「できません→できます」です。ご名答！　いやー、人の頭の中をのぞくのっておもしろいね。君はどう思った？　もしこの西原先生の「脳内活動」を見て、「え、そんなに色々考えながら読んでるの？　暇なの？」なんて思った人は、「字面読み」がクセになっている可能性がある。

**西原**　「目で追っているだけで、内容が頭に入ってこない」「読んでいるうちに前の内容を忘れている」というのも、字面読みの典型ですよね。「意味を理解」できていれば、内容は忘れない。

**輿水**　そうだね。ここで改めて「字面読み」と「意味を理解する読み」の違いを整理してみよう。

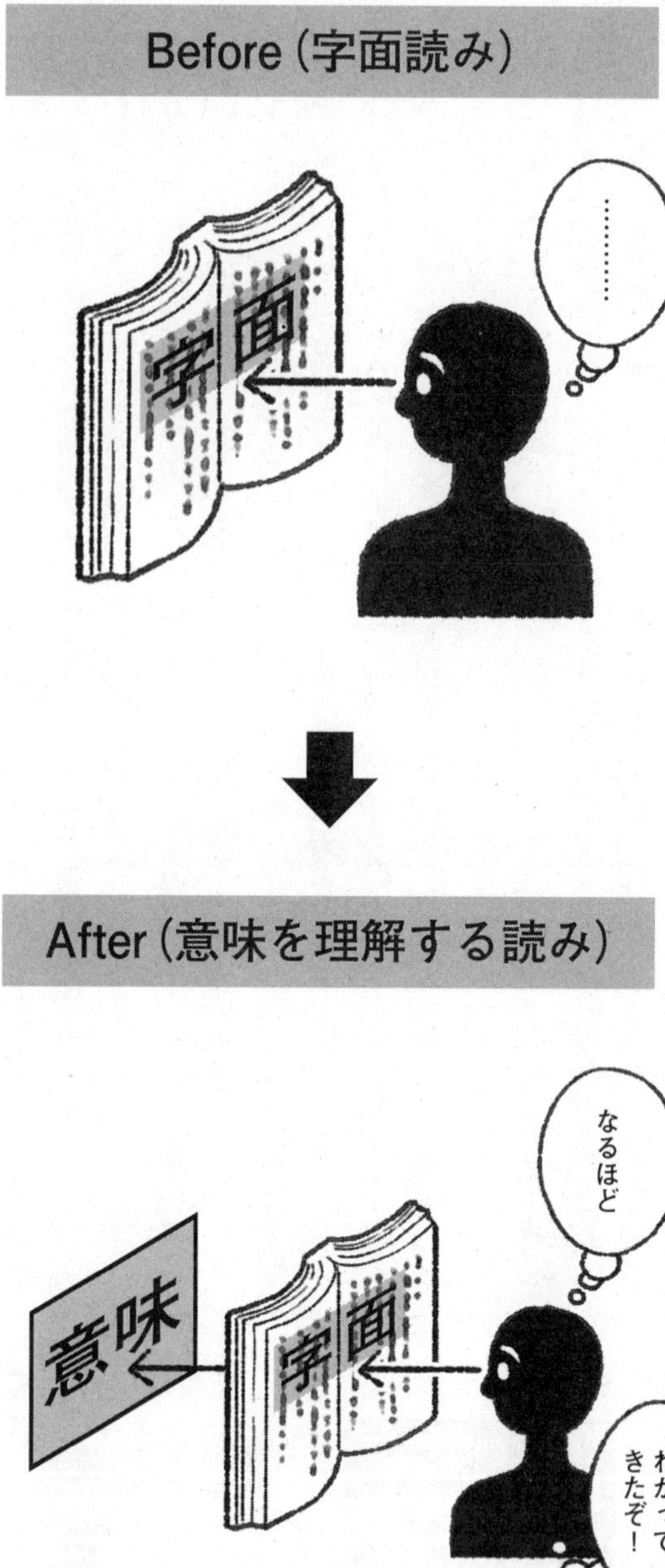

**輿水**　「字面読み」をしているときは「文字列を眺めている」だけ。それに対して「意味を理解する読み」のときは、①文章を読みながら、②文章の意味を理解し、同時に、③文章を理解できているかどうか確認している。つまり同時並行で色々なことを行っているわけだ。そして多くの場合、「自動的に」頭が動いている。それは、歩くときに手足の動きをほとんど意識しないことと似ている。でも、一歩ごとに大きく揺れる吊り橋を歩くときは、誰しも自分の足の運びに意識を向けるよね。同じように、自分にとって難しい文章を読むときは、少し読むスピードを落として、右の、「②意味を理解する」と、「③理解できているかどうか確認する」という作業を自覚的にやらなければならない。慣れてくれば、毎日吊り橋を渡っている人のように、鼻歌を歌いながらでも、文章をスピーディに理解することができるようになる。

**西原**　できる人が無意識にやっていることを、まずは意識的に行い、次第に無意識にできるようにしていく、ということですね。

**輿水**　そうそう。ところで、ここまで何度も「理解」と言ってきたけれど「意味を理解する」とか「わかる」ってどういうことだろう？

**西原**　難しいですよね。「わかる」とは何かが、意外と「わからない」。

**輿水**　そうなんです。さっきのリンゴの話と重なるけれど、大事なことなのでもう一度話しておこう。たとえば、そうだな……西原先生、「ふたいとこ」ってどういう意味か知ってる？

**西原**　知りません。何かの便利グッズですか？

**輿水**　違います。「ふたいとこ」っていうのは、「自分の祖父母の兄弟姉妹の孫」です。

**西原**　え？　祖父母の兄弟姉妹の孫？　…………「はとこ」ですね！

**輿水**　そうそう。今「理解していない顔」から「理解した顔」にきれいに変化したね（笑）。じゃあさ、西原先生が「ふたいとこ」の意味を理解するまでの３秒の間に起きたことを、改めてスローモーションで振り返ってもらっていいかな。

**西原**　わかりました。脳内活動の明示ですね。

え？　祖父母の兄弟姉妹の孫？　よくわかんないな……。
←
えぇっと、僕の場合でいうと、
←
おばあちゃんの妹の孫ということは、幸太郎のことだな。
←
つまり、「ふたいとこ」＝「はとこ」か！

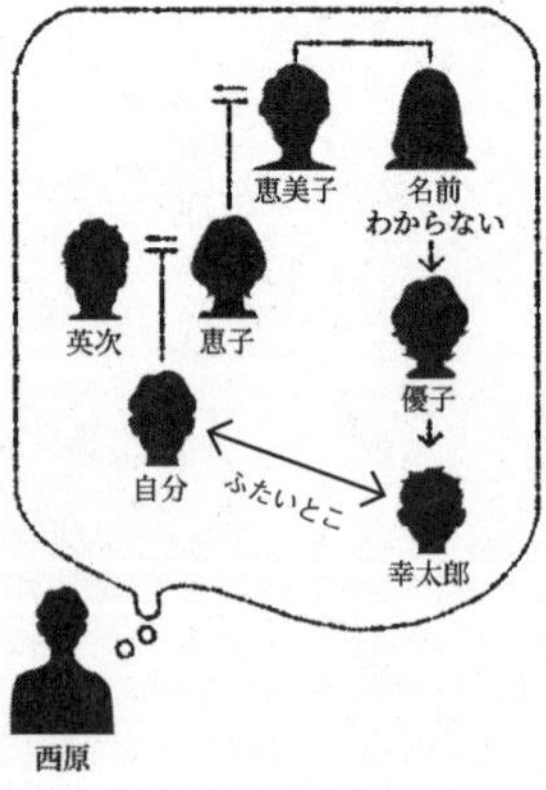


**輿水**　「わからない」が「わかる」に変わるまでの３秒間の間に色々なことをしているね。もちろんほとんど無意識的な頭の働きだとは思うけど、あえて「可視化」するとそういうことになると。

**西原**　そうですね。他にも「あ、輿水さん、こっちの語彙力試そうとしているな」とか「恵美子婆ちゃん優しかったなぁ」とか色々考えていましたけど、大事な部分を抜き出せば、右の通りです。

**輿水**　言葉を理解するというのは、こんなふうに、ある言葉が、自分の知っている知識や経験と結びついて具体的なイメージを持つということだ。今のは単語レベルの話だけど、文章を理解するということも基本的には同じ。文章に書かれていることを自分に結びつけて具体的にイメージすることができたとき、「文章の意味を理解できた」ということができる。

**西原**　「腑に落ちる」感じですよね。僕もよく授業で「わかりやすく言い換えてみよう」とか「具体例を挙げてごらん」と言っています。その作業を挟むことで、生徒の理解度がグンと上がります。

**輿水**　われわれは言葉の意味や文章の意味を理解するために、半ば無意識的に色々なことを行っている。でもそれらを無意識で行うためには、まずは行うべきことを自覚し、それを意識的に反復する必要がある。この本が目指すのは、まず君たちに「文章を読むときに行うべき色々なこと」を知ってもらうこと、そしてそれを君たちが自分の力でできるように導いていくこと。読み方が変われば、点数アップという結果も自然とついてくるはずだ。というわけで、次に示すのは、「文章を読むときに行うべき色々なこと」＝「読解方略一覧」だ。「意味を理解しながら読むためのコツ一覧」と思ってくれればいい。次ページのＱＲコードから読み取れる講義動画もぜひ利用していただいて、理解を深めてほしい。

## ◆基本の読解方略（1～5）

**1 具体化**（具体的に理解しながら読む）

A 言い換え（わかりやすく言い換える）

B イメージ（視覚的なイメージを浮かべる）

C リンク（文章を自分とリンクさせる）

**2 追跡**（疑問を持ちながら読む）

動画視聴はここから！

解説動画

**3 予測**
（話の方向を予測しながら読む）

**4 位置づけ**
（全体の中に位置づけながら読む）

**5 モニタリング**
（自分の理解度を確認しながら読む）

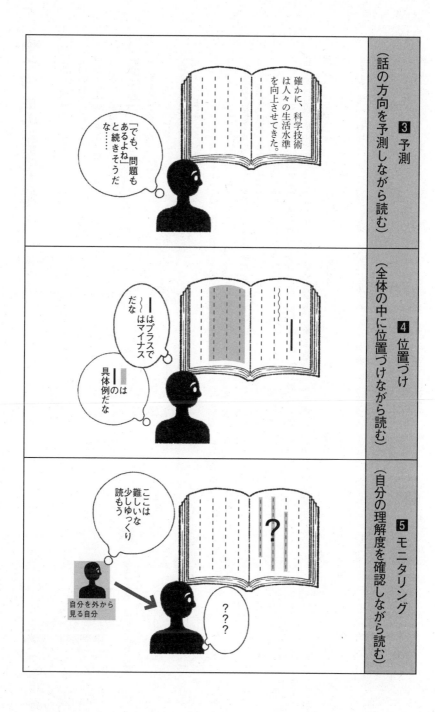

# ◆その他の読解方略

**【一文の理解】**

□**文の骨格を把握する**（主語《s》—述語《v》）・（主語《s》—目的語《o》—述語《v》）
□**修飾—被修飾の関係を把握する**
□**指示語の指示内容を把握する**

**【関係の理解】**

□**対比関係を把握する**（下図参照）
①何かと何かの比較（共時的な対比）例 文学と科学、日本と西洋、子どもと大人 など
②昔と今の比較（通時的な対比）例 近代と現代、前近代と近代、かつての社会と高度情報化社会 など
③一般論と筆者の意見の比較（意見の対比）
□**プラス／マイナスを識別する**（主張／比較対象、肯定的側面／否定的側面の識別）→波線と直線の二種類の傍線で引き分ける など
□**因果関係を把握する**（原因と結果の関係を把握する）→時間的には原因が先で結果が後、認識的には結果が先で原因が後
□**同格関係を把握する**（言い換えや繰り返しを把握する）
□**抽象と具体を識別する**→具体例を適切に処理する
①どこからどこまでが具体例かを把握する（範囲の画定）
②何のための具体例かを把握する（抽象化）…抽象論は具体例の直前または直後に述べられている
□**引用文の意義**→引用文の前後に注意して「何のための引用か」、「筆者にとっての『敵』か『味方』か」を把握する

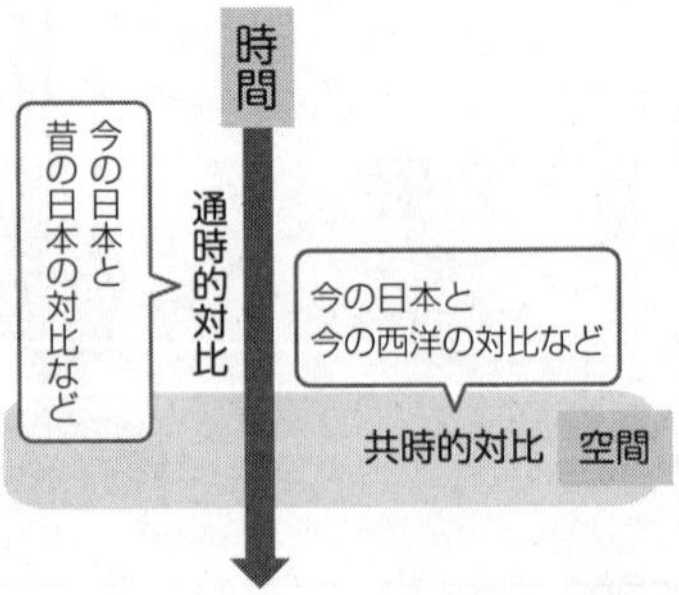


**【注目すべき表現】**

□**逆接の接続詞**→話の方向が変わるので注意。特に文章内で最初に出てくる逆接、段落冒頭の逆接、一般論の後の逆接は要注意
□**一般論・常識・自明のこと・「神話」（根拠もないのに広く人々に信じられている話）**→多くの場合、筆者によって否定される
□**否定—肯定構文**（AではなくB）→誤解を取り除く説明の仕方（皆さんAだと思うでしょ、実は違います、Bなんです）
例 愛とは互いに向き合うことではなく、ともに同じ方向を向くことだ。同類の構文「Aだけでなく Bも／BであってAではない／AよりB」
□**譲歩構文**（たしかにAしかしB）→読者に歩み寄る説得の仕方（あなたの立場〈A〉からでも、私と同じ意見〈B〉にたどりつきますよ）
例 たしかに現代詩は難しい。しかし、難しいからこそ面白い。同類の構文「なるほど・もちろん・無論 A 逆接表現 B」

□**数詞《すうし》・列挙**（第一に・もう一つは・まず・次に・二重の関係・三大要因・三つの特徴 など）→筆者が列挙しようとしている事柄を把握する

□**定義付けの表現**（〜とは・〜の本質は）→定義を把握するとともに、その後に続く定義の説明や具体例で、定義の内容を理解する

□**疑問表現**（「とはなんだろうか・なぜだろうか・〜はあるのか など）→その答えを探しながら読んでいく

□**「まとめ語」**（このように・つまり・すなわち・結局のところ、要するに など）→後ろに「まとめ」が来る。「まとめ」は大事

□**強調表現**（重要なのは〜・大事なことは〜・根本的には〜・実は〜・〜すべき・〜する必要がある・〜が不可欠だ など）

□**助詞の「は」**→対比を意識して読む　例 子どもは〜（子どもと大人の対比を疑う）・結婚するまでは良かった（結婚後は……）

□**助詞の「も」**→同類を意識して読む　例 日本語も〜（外国語と日本語の共通点を意識する）

□**比喩表現**→比喩表現は共通項を考える　例 彼のほっぺはりんごのようだ（りんごとほっぺの共通項＝「赤い」）

□**注意喚起のかぎ括弧《かっこ》**（「普通とは違う意味で使ってるから注意してね」のかぎ括弧）　例「―有権者は、みんなの前で、この候補を支持する場合には白い投票箱に、反対するなら黒い投票箱に投票することを強制されたのです。支持するかしないか一目瞭然となるこの方法は、とても自由投票とは呼べないものでした。この「選挙」で選ばれた「人民委員会」を母体として―」（『そうだったのか！現代史』池上彰）→かぎ括弧つきの「選挙」とすることで、〈とても選挙とはいえないような選挙〉というニュアンスになる。

□**「〜化」**→相対化、抽象化など、「〜化」は、すべて何かしらの変化を表す　例 知性のジャングル化≒知性の変化

## 【文学的文章における注意点】

□**無駄な表現はない**→すべての表現には意味があると思って読む（だからといってすべての表現の意味を理解する必要はない）

□**象徴表現**→その作品内でのみ特別な深い意味をもつ表現に着目する

□**具体的に情景をイメージしながら読む**→文字を映像化する意識。セリフであれば、どんなふうに話しているかを想像する。ただし、いつでも情景をイメージできるわけではない。イメージや映像化を拒む表現もありうる

□**書かれていることから書かれていないことを読み取る**→自然な想像力までも殺してはいけない。しかしあくまでも、書かれていることに基づく

□**三種類の心情描写**

①心情語（悲しかった・嬉しかったなどの直接的に心情を表す表現）

②行動・しぐさ・セリフ（「それを聞いて彼は険しい表情を浮かべた」「店主はテーブルを強く叩いた」などの間接的に心情を表す表現）

③情景描写（「いつの間にか雨はやんで、雲の切れ間から青い空が見えた」などの間接的に心情を表す表現）

□**変化の把握**→心情の変化、場面の変化、状況の変化、行動の変化などに注意して読む（何から何へ変化したのかを把握する）

□**変化の理由をおさえる**→特に登場人物の心情が変化した場合、なぜ変化したのか、その理由を把握する

**輿水**　ずいぶんたくさんあるな……と思うかもしれない。でも大丈夫。一つずつ、自分ができていないものをつぶしていこう。そして、無意識的に、自動的に、これらの読解方略を使いこなせるようにしていこう。人間が体を動かすときに使っている筋肉（骨格筋）は約４００種類もあるそうだけど、それを無意識的に動かして、われわれは立ったり座ったり歩いたりしている。それと同じように、どんなにたくさんあっても、これらの読解方略を一度身に付けてしまえば、それは無意識的に君の「読み」を支えてくれるはずだ。まずは真似をするところから。さっきの「リンゴ」の文章を、西原先生の脳内活動を参考にしながら、自分なりにもう一度読み直してみよう。もちろん完全に同じじゃなくてもいい。人間が違えば頭の中で考えることも違う。大事なことは、頭と心を動かしながら文章を読むことだ。最初は速く読もうなんて思わなくていいから、ゆっくり、自分の脳内活動を自分で観察しながら読んでみよう。

**西原**　いや、どんどんしゃべってください。なんか、僕ばっかりしゃべっちゃってごめんなさい。

**輿水**　……。印税は半々なんで。

第1講

問題
Question

# 『映像という神秘と快楽』
（長谷正人）

〔出題：早稲田大〕

| 解答時間 |
| --- |
| 25分 |
| 目標得点 |
| 35 / 50点 |
| 学習日 |
| ／ |
| 解答頁 |
| P.3 |

## ◆カメラの視線

高校時代の部活仲間の結婚式でのこと。サッカー部のエースだった彼の式には顧問のY先生も参列していた。十年ぶりに会う先生の姿を僕は遠くから複雑な気持ちで眺めていた。自分をほとんど試合に使ってくれなかった先生……。途中、手洗いに立った時に先生とすれ違った。補欠ですらなかった僕のことなど憶えているはずがない、気づかぬふりをして行き違おうとしたとき、先生の朗《ほが》らかな声が耳に飛び込んできた。「おう！　輿水じゃないか！」。目頭が熱くなった。先生は依怙《えこ》贔屓《ひいき》することなく、一人ひとりのことをちゃんと見てくれていた。目立つ者もそうでない者も等《ひと》し並みに写すカメラのような眼で。（輿水）

# 第1講　次の文章を読んで、後の問いに答えなさい。

1

蓮實《はすみ》重彦《しげひこ》の『反＝日本語論』の、ちくま文庫版解説として、彼の妻である蓮實シャンタルが(1)キョウミ深いエッセイを書いている。「二つの瞳」と題されたそのエッセイは、まさに彼女自身の視線（瞳）と夫の視線（瞳）という(A)二つの瞳の特徴を比較対照した見事なものだ。彼女は、「あるものをじっと深く見つめればそれを深さにおいて捉えることができる」と信じているため、さまざまな物や人を凝視《ぎょうし》する習慣があると言う。「ちらりと視線を送ること」は「愛情を欠いたよそよそしさにつながるように」思えてどうしてもできない。対象物を理解し、愛するためには凝視する必要があるのだ。こうした自分の「視線」を彼女は「集中的な視線」と呼ぶ。それに対して彼女は、夫の視線を「包括的な視線」と呼ぶ。夫と一緒に外出して同じ出来事を目撃し、彼女自身がそれを凝視しているとき、夫の視線はさまざまなものの上を揺れ動いているようにしか見えない。しかし帰ってきて夫に確かめてみると、確かに夫は自分と同じようにその出来事をしっかり見て記憶にとどめているのである。どうやら彼女の夫は、見る対象を、その周囲の広がりのなかで受容できる別の視線をもっているようなのだ。そしてその視線は、むろん彼女にも向けられる。彼女に注がれる視線は、いつもそこにとどまることなく、なにか彼女を「　甲　」としているかのように、周囲の「さまざまなものの上を揺れ動き、時折また」彼女に戻って来るとい

うのだ。 イ

2 こうした「二つの瞳（視線）」の差異はどこから来るのだろうか。彼女は判断しかねているようだ。「これが、日本人である夫の特質なのか、それとも彼独特のものかはにわかには断じられません」と言うのだから。しかし、この差異は日本とヨーロッパの文化的な差異から生じたものだと断定する論者もいる。ある書物の解説によれば、ここで蓮實シャンタルが言う「集中的な視線」は、「自分と対象との心理的な隔たりをはっきりと意識してそれを埋めようとする」意味で西欧文化的な視線であり、従って「できることなら自分と他人との違い（区別）をことさら明確にしないままで置きたいという意志が無言のうちに人々を支配している」日本社会においては、カイ(2)ヒされなければならないものなのだと。従って当然のことながら、対象物との区別を際立《きわだ》たせることなく曖昧《あいまい》にそれを受け入れてしまう彼女の夫の「包括的な視線」は、まさに日本的な視線なのだと。ある書物の解説では、そのように主張されている。 ロ

3 しかし、ことはそう単純であろうか。「集中的な視線」が日本の通常の対面的コミュニケーションにおいてなるべくカイ(2)ヒされているのは、経験的に言っても確かだとしても、はたして「包括的な視線」が日本文化独特のものと言えるのだろうか。おそらく、それは違うだろう。そもそも、蓮實シャンタル自身が、このエッセイを彼女の父親（ベルギー人）による「包括的な視線」の話から始めていたことを思い出さなくてはならない。彼女は、画家

だった父親が自分をモデルにして描くとき、けっして彼女の顔を凝視することなく、つねにちらりちらりと「動く視線」を投げかけていたことを記述している。つまりこのエッセイは、西欧人らにも「包括的な視線」をもつ場合があること、しかも筆者自身が父親の「包括的な視線」によって育てられたように、けっしてその視線は愛情を欠いたよそよそしいものとは限らないことを最初に認めているのである。

4 では、この「二つの視線（瞳）」の差異は何の問題なのだろうか。［ハ］私はそれは「カメラの視線」の問題だと思う。結論から言うならば、「包括的な視線」とはカメラの視線のことであり、実はこのエッセイで蓮實シャンタルは、カメラのように世界を眺めることを夫から学んだことを（自分でも気付かぬままに）告白しているのだ。カメラはその前にあるすべての事物の光線をありのままに受容する「視線」をもつのだった。これはまさに、対象物を周囲の広がりのなかで受容する蓮實重彦的「包括的な視線」そのものであろう。つまり彼女の夫は、「カメラの視線」で世界を捉えているのである。これに対して彼女自身の「集中的な視線」は、ごく普通に人間的な視線と言うべきである。私たちは誰もが、自分が愛情や関心をもった対象を前にするとき、それらを［Ｉ］して「集中的」に凝視するのだから。たとえ日本人であっても、自分の恋人や好きな物を愛情を込めてじっと見つめない人間などどこにいるだろう。［ニ］

5 こうして私たちは、集中的な視線／包括的な視線という二元的対立を、人間的な視線／

カメラの視線の対立として読み直すことができる。すると、このエッセイもまったく違った相貌《そうぼう》で見えてくるはずだ。たとえば彼女の夫は、目の前に起きた出来事をじっと凝視することなく、周囲の広がり全体に視線を投げかけつつ、しかも正確に出来事を把握してしまうのだった。しかし、そんなことが普通の人間（むろん日本人も含めて）にとって本当に可能だろうか。「集中的な視線」（じっくり観察すること）なくして、どうして出来事を正確に把握することができようか。むしろ、たいていの日本人もシャンタルと同様、遭遇した出来事に気を奪われてじっと見つめてしまい、その周囲の事物に関心を払うことなどできないのではないか。つまりここで描写されているのは、実はカメラのように目前の事物をそのまま受容してしまう彼女の夫の、まったくトク(3)イな「視線」だったのだ。だから私たちは、逡巡《しゅんじゅん》する蓮實シャンタルに是非《ぜひ》とも教えてやるべきだろう。貴方《あなた》が戸惑っている「包括的な視線」はけっして日本的な視線なのではなく、間違いなく貴方の夫に「独特のもの」なのですよ、と。［　ホ　］

6　そしてこのエッセイはさらに、蓮實重彦の「カメラの視線」＝「包括的な視線」がけっして［　Ⅱ　］で愛情を欠いたものではないことを主張している。彼女は言う。「私の話に相槌《あいづち》をうつとき、彼は、私を見つめるのではなく、話している私を受け入れようとするかのようにやや瞳を伏せ、身を傾けているのです」。つまり、夫の「包括的な視線」は、確かに［　乙　］愛情表現ではないが、彼女をありのままに受け入れようとする意味では間違いなく愛情表現なのだ。

7 だがもちろん、私たちにとって重要なのは、あくまで「カメラ」の問題だ。彼女のこの主張に従えば、事物を［Ⅱ］にそのまま受容してしまう「カメラの視線」にも、同様の「愛情」を読み取りうるはずだろう。つまりカメラは世界をありのままに受け入れることで、世界に対する「愛情」を表現しているとも言える。だからこそ私たちは写真を眺めるとき、そこに写っている物に対して、あるどうしようもない愛《いと》しさの感情を抱いてしまうのではないか。だからもしかしたら、この「カメラの視線」は、「人間的な視線」などよりはるかに深い愛情に満ちたものなのかもしれない。［ヘ］

（長谷正人『映像という神秘と快楽』による）

1

**問一**　次の文は、本文中に入るべきものである。［イ］〜［ヘ］から最も適当な箇所を選べ。

つまり彼女の記述に従っても、「包括的な視線」はけっして日本的な視線ではないことになる。

**問二**　傍線部(A)「二つの瞳の特徴」とは何か。それを説明している最も適当なものを、次の①〜④の中から選べ。

① 好きな対象を凝視する人間的な瞳と、世界をありのまま受け入れるカメラの瞳。
② 世界に対する愛情を表現する人間的な瞳と、カメラのような無機的で冷徹な瞳。
③ 対象を集中的にとらえる西欧文化的な瞳と、包括的にとらえる日本文化的な瞳。
④ 愛情に満ちた父親の人間的な瞳と、愛情を欠いたよそよそしい夫の揺れ動く瞳。

**問三**　空欄［甲］に入る最も適当な語句を次の①〜④の中から選べ。

① 世界の中に位置づけよう　② 無言のうちに支配しよう
③ 凝視しながら固定しよう　④ 受容しながら批評しよう

**問四**　空欄［Ⅰ］・［Ⅱ］に入る最も適当な語を、それぞれ次の①〜④の中から選べ。

Ⅰ ① 相対化　② 抽象化　③ 特権化　④ 一般化
Ⅱ ① 内面的　② 機械的　③ 感情的　④ 技術的

**問五**　空欄［乙］に入る最も適当な語句を次の①〜④の中から選べ。

① 一瞥を与えるという意味での　② 漫然と眺めるという意味での

③記憶にとどめるという意味での　④じっと見つめるという意味での

**問六**　本文の論旨に合うものが次の中に一つある。それはどれか。次の①〜④の中から選べ。

①愛する対象を凝視する夫の「集中的な視線」は、「カメラの視線」とは異なり、本質を見抜くことのできる人間的な視線である。

②対象との区別を厳密にし、他者を愛情とともに暖かく受け入れようとする夫の「集中的な視線」は、まさしく西洋的な視線である。

③「カメラの視線」のように、対象をありのままに受け入れようとする夫の「包括的な視線」は、深い愛情に満ちた視線である。

④愛する対象を凝視する夫の「包括的な視線」は、人間であればだれもが共通して備え持っている、きわめて普遍的な視線である。

**問七**　傍線部⑴〜⑶は熟語の一部であるが、これにあたる漢字を含むものを、①〜④の中から、それぞれ選べ。

⑴　①キョウ楽　②キョウ出　③キョウ制　④感キョウ

⑵　①ヒ評　②ヒ労　③ヒ害　④逃ヒ

⑶　①イ常　②イ表　③繊イ　④経イ

**【解答欄】**

| | | |
|---|---|---|
| 問一（5点） | | |
| 問二（6点） | | |
| 問三（6点） | | |
| 問四（各5点） | Ⅰ | Ⅱ |
| 問五（6点） | | |
| 問六（8点） | | |
| 問七（各3点） | ⑴ | ⑵ | ⑶ |

第2講

問題
Question

# 『私という迷宮』

（大庭健）

〔出題：日本女子大〕

| 解答時間 |
| --- |
| 20分 |
| 目標得点 |
| 35 / 50点 |
| 学習日 |
| ／ |
| 解答頁 |
| P.17 |

## ◆自分のことは自分で決めたい？

唐突な質問で申し訳ないが、君がもし結婚をするとしたら、周囲の決めた結婚相手と結婚する「取り決め婚」と「恋愛結婚」、どちらが良い？　そして、その理由は？　きっと多くの人は、恋愛結婚を選ぶだろう。結婚相手くらい、あるいは結婚相手こそ、自分で「自由に」選びたいからという理由で。しかし、ある調査によれば、結婚十年後の恋愛感情が高かったのは「取り決め婚」の方だったという（シーナ・アイエンガー『選択の科学』）。前近代から近代そして現代へという時代の流れは、「自由」を追い求める歴史過程だった。選択の自由。だが、いま我々は、自由に選べるということの困難さに気づき始めている。（輿水）

# 第2講　次の文章を読んで、後の問いに答えなさい。

1 近代以前の伝統社会では、こんにちのような［(A)］はなかった。母のもとで暮らしていた子供は、ある年齢に達すると母親のもとから切り離されて、いくばくかの集団的な訓練をうける。そして彼らは、子供としては死んで・大人として再生することを象徴する、特別の儀式（通過儀礼）に参加する。この儀式を終えると、彼らは、そのまま大人として、共同体の成員になる。

2 しかし、近代化とともに、社会は複雑になり、社会の成員となるために身につけねばならない技能・知識は、しだいに膨大になってきた。それらを習得するには、長い時間が必要になる。こうして、「もはや子供ではなく、さりとて未だ大人でもない」過渡期が長くなる。あいかわらず親に養育されていて、労働・納税・兵役の義務を免れている、という意味で、未だ大人ではない。しかし、家庭とべつのところで、大人になるための技能・知識を身につけるよう、訓練をうけている、という意味で、もはや子供ではない。こうした、どっちつかずの「境界人」という不安定な時期が、「青年期」なのである。

3 しかし、「社会的な役割を表わす言葉による自己確認」という意味での「アイデンティティ」の確立が、青年期の課題とされるようになったとき、その背景には、出自と役割の分離という、近代化のもう一つの姿がある。近代以前の伝統社会では、出自（生まれ）によって、役割は自動的に決まった。小作農の家に生まれれば、自分もそのまま小作農という役割を引き継ぎ、商人の家に生まれれば、そのまま商人という役割を引き継ぐ。このように、生まれによって、引き受ける役割も決まる。伝統社会では、そうであった。しかし近代化とともに、職業の選択は個人の自由となり、宗教の選択も、政治的立場の選択も、個人の自由に委ねられるようになる。出自と、引き受けるべき役割が、切り離されたのである。

4　こうなると青年期は、大人として必要な技能・知識を身につけるだけではすまなくなる。自分は、どの役割を、どう引き受けるのか。社会的な役割を表わす言葉を、どう組み合わせて、自分を定義するのか。農民らしく、それとも職人らしく、……教徒らしく、それとも……、国民らしく、それとも……。どのような「らしさ」を、どのように組み合わせて、「これが自分だ」と名乗って出るのか？　青年期とは、こうした選択を迫られる時期となったのである。

5　簡単におさらいする。近代化とともに、［(B)］この二つが合わさって、個人の人生に「青年期」という段階が生まれ、「社会的な役割を表わす言葉による自己定義」が、青年期の課題となったのである。

6　現代社会は、近代化された社会である。したがって、いま見たような「アイデンティティの確立」が、青年期の課題であることに変わりはない。学歴・職業・宗教・(a)コクセキ・政治的立場のみならず、「男である・女である」という述語も、いまや生物としての性別から切断され、自由に選択される役割を表わすようになる。これもまた、役割と出自の切断という、［ (C) ］の延長線上の事象である。

7 しかし現代は、近代の延長だけでもない。近代の延長線上にありながら、近代の枠組みが、確実に、ゆるみ・崩れはじめてもいる。それとともに、アイデンティティの問題も、少しずつズレはじめている。近代のアイデンティティ概念は、いっさいから自由な個人、という観念を前提としていた。出自を問われることも（あるいは、すら）なく、自分の意のままに、自由に役割を選択する、自由な個人……。しかし、いまや、そのようにいっさいの絆を切って自由になったことが、(D)一人の・取り替えのきかない個人であるということの土台を、ヒタヒタと侵食しつつある。

（大庭健『私という迷宮』より）

**問一**　空欄Ⓐに当てはまる語句を、本文中から抜き出しなさい。

**問二**　空欄Ⓑには、二つの語句が抜けている。空欄Ⓑに当てはまるもっとも適当な語句を、次の項目（①〜⑦）から二つ選びなさい。

① 社会的な役割を習得するための訓練期間が長くなったこと。
② 子供が親に養育され、労働・納税・兵役の義務を免れること。
③ 子供が通過儀礼を経て、大人としての共同体の成員となったこと。
④ 宗教や政治的立場の選択が、個人の自由に委ねられるようになったこと。
⑤ 社会的な役割の選択が、出自を問わず、個人の自由に委ねられるようになったこと。
⑥ 小作農の家に生まれれば小作農、商人の家に生まれれば商人という役割を引き継ぐようになったこと。
⑦ 子供が家庭から離れて、大人になるための技能・知識を身につけるよう、訓練を受けるようになったこと。

**問三**　空欄Ⓒに当てはまる語句を、本文中から抜き出しなさい。

**問四**　傍線部Ⓓ「一人の・取り替えのきかない個人であるということの土台を、ヒタヒタと侵食しつつある」とあるが、具体的にはどのような状態だと筆者は考えているのか。次の項目（①〜⑤）を、正しいものと誤っているものとに分け、それぞれ正しいものは○、誤っているものは×を記入しなさい。

① 自由な役割選択ができるようになったことで、かえって自由な個人でありえなくなったこと。
② 社会的な役割を表わす言葉による自己定義が出来なくなること。
③ 近代以前の確固とした個の自覚がもてなくなること。

④アイデンティティの確立が出来なくなること。
⑤「これが自分だ」と名乗れなくなること。

**問五** 傍線部(a)「コクセキ」のカタカナを、漢字に改めなさい。

**【解答欄】**

| 問一（5点） | 問三（5点） | 問四（各5点） | | 問五（3点） |
|---|---|---|---|---|
| | | ① | ④ | |
| | | ② | ⑤ | |
| | | ③ | | |

| 問二（各6点） |
|---|
| ・ |

第3講

問題
Question

# 『僕はかぐや姫』

（松村栄子）

〔出題：センター試験〕

| 解答時間 |
| --- |
| 25分 |
| 目標得点 |
| 35／50点 |
| 学習日 |
| ／ |
| 解答頁 |
| P.27 |

## ◆一人称単数

高校時代につけていた日記を久しぶりに読み返した。誰にも見せず、ただ自分のためにつけていた日記だったが、読み返してみて、ひとつ面白いことに気がついた。はじめのうちは〈僕〉だった一人称が、高三の夏くらいから〈俺〉に変わっていたのである。それに伴い、日記の内容や言葉遣いも少し変化したように思えた。〈僕〉はピュアな頑張り屋で、〈俺〉は気怠《けだる》げなポーズを取ったカッコつけ屋。内面の変化、自分の〈魂〉の変化が、一人称の変化として表れていた。一人称単数が〈I〉しかない英語では表現できない変化。今から読んでもらうのは、そんな〈魂〉の変化を微細な眼で捉え、的確な表現で掬《すく》い上げた小説だ。（輿水）

## 第3講

次の文章は、松村栄子の小説「僕はかぐや姫」の一節である。千田裕生《ちだひろみ》と辻倉尚子《つじくらなおこ》は女子高校の同級生である。彼女たちは二人とも文芸部員で、自分のことを「僕」と呼んでいた。これを読んで、後の問い（問一～六）に答えよ。

ぼくに与えられた
ぼくの一日を
ぼくが生きるのを
ぼくは拒む

尚子の書いたそんな一節が、裕生を振り向かせたのは一年生の晩夏だった。それまで彼女たちは同じ部に属しながら、先輩たちの膨大な知識や醒《さ》めた思想、おとなびた物言い、それでいてちょっと子供っぽい感傷に魅了され振り回されて互いに見つめ合うことさえしなかった。

けれども、十六歳の世をすねたような少女には、先輩のおとなびた言葉よりはずっと尚子の言葉の方が(ア)身の丈に合っていた。裕生は尚子の言葉に注意を払うようになった。

その冬に批評会をかねた合宿が行われた。予定をこなしたあとの雑談は文学談義になるのが常だった。その日も各自がてんでばらばらに好きな作家、好きな作品をあげて語り始めていた。先輩の誰《だれ》かが与謝野晶子《よさのあきこ》だと言い、誰かが西脇《にしわき》順三郎だと言った。十数名の部員がいた。太宰《だざい》が上がり、三島が上がり、ヘッセもカミュもワイルドも上がった。

尚子が何と言ったのか裕生は思い出せない。尚子は終始うつむいて、眠ってるのではないかと思うような態度で(一年生にしては少しふてぶてしかったかもしれない)耳を傾けていた。尚子が促されて何かを言ったとき、(A)ああ、やっぱりそうだ、と妙に納得したことだけを覚えている。

裕生は何と言ったのだったか……裕生が尋ねられたときには、すでに彼女の知る作家たちはあらかた出し尽くされていて、戸惑って……〈かぐやひめ〉だと彼女は言った。

「竹取物語?」

「いいえ、〈かぐやひめ〉の絵本です。朝倉摂《せつ》の挿絵のある紫の表紙の。幼稚園の頃《ころ》、僕はどうしてもそれが欲しくて……」

皆と似たりよったりの答えをするのが嫌だったのかもしれない、インテリぶる※1のが気恥ずかしかったのかもしれない、とにかくその絵本がどのように美しかったか、三年目の秋には去らなければならないかぐや姫の運命がどのように自分を胸苦しくさせたかを裕生が居直って話し始めたとき、尚子は顔を上げて裕生を見た。

ふたりは語り始めた。どちらも積極的に人に近づいていく性格ではなかったから、会話は弾まず、(イ)おずおずとした調子のもので、機会もそう多くはなかった。たまたま部室でふたりきりになったとき、あるいは、部員をまじえて談笑している中でさりげなく語った。

※1…知識人。ロシア語のインテリゲンチアの略。

普通ならば二、三時間で済むような内容をほぼ一年かけて語り合ったのだとも言える。

どちらも語るよりは聞きたがり、それでいて心のどこかでは耳をふさごうとしていた。それを隠すようにことさら無邪気になろうとして失敗した。

「[※2]〈二十億光年の孤独〉を読んだ？」

「……うん。泣いた、僕」

「[※3]キルケゴールが……もちろん、読んだって半分もわからないんだけど……本を開いただけで苦しくなって……」

「〈死に至る病〉〈わたしにとっての真理〉……僕らをひとことで殺す文句だ」

少なくともあの頃、裕生と尚子は似た者どうしだった。自分を溶かし出してしまうような光を恐れ、寧《むし》ろ輪郭をはっきりと描き出す影や、いっそのこと存在をかくまってくれる闇《やみ》を愛し、晴天の日よりは雨の日の方が機嫌がよかった。十代半ばにして生を疎み、白雪姫やシンデレラよりは(B)月に帰るかぐや姫に心を打たれた。可哀想《かわいそう》だと思ったのではなく、羨《うらや》ましかったのだ。

自分を取り巻いている存在や思惑《おもわく》がうっとうしくてたまらず、媚《こ》びない程度の微笑を愛用することで友人どうしの馴《な》れ合いからも反目からも器用に身を遠ざけていた。誰にも何も期待してはいけないと自ら戒め、相手の横暴は許しても、わかったような同情やいたわりには必ず冷笑で(ウ)一矢を報いずにはいなかった。

---

※2…谷川俊太郎の詩集名。詩集中に同名の詩もある。

※3…デンマークの思想家（一八一三〜一八五五）。〈死に至る病〉や〈わたしにとっての真理〉はキルケゴールの言葉である。

その実、心の中では自分にないものばかりを数え上げ、こんなにマイナス勘定の多い自分なら、いっそいない方が理にかなうと思い詰めて逃げ場所を捜していた。

誰にもそんな自分の思いがわかるわけはないとかたくなに思い込み、自らの内面を隠蔽《いんぺい》に隠蔽を重ねて隠しながら、でもほんとうはかくも心弱き者なのだと叫ぶために言葉を書き連ねるという矛盾を犯していた。どうにもやりきれない感傷と怠惰をもてあまし、もてあそび、真摯《しんし》であって不真面目《ふまじめ》だった。

そんな者どうしが友情を結び合えるものだろうか。孤立を気取り、解釈されるのを何よりの屈辱と感ずる者たちが、もし双子のように似ていたとしたらそれはあり得ないだろう。だから彼女たちは理解よりも無理解を、寧ろ何かしら意見の対立を求めて呟《つぶや》き合い、はかばかしい結果を得ず、そしてある日ふと黙り込んだ。

ふたりの間には一冊の詩集があり、ひとつのセンテンスがあった。

――夢は、たったひとつの夢は生まれなかったらという夢だから、贈られるのは嬉《うれ》しいだろう。

その言葉は裕生の胸の中で、硝子《がらす》の触れ合うような音を響かせた。透明できらびやかで、それでいて脆《もろ》く哀《かな》しい響きだった。徐々に音は高まり、胸を裂いていった。

状況が許せば裕生は泣きたかった。胸の震えとでもいうものに身を委《ゆだ》ね、切ない死の夢に呑《の》まれて泣きたかった。けれどそうはさせないもうひとつの魂が、同じように今まさにこの夢に呑まれようとし、けれど自分の不在を夢みるのならまずその抹消《まっしょう》を試みるべきではないかと自ら問いかけ、相手がそれを指摘しないはずがないと息を呑んで夢の前に立ちすくむ尚子の魂がそこにあった。

(c)ふたりは、ふたりであるがために身をこわばらせて黙り込んだ。目を逸《そら》し合いながら、互いの胸がヒクヒクと震える音を聞いていた。その震えの中に、ありがちな自己陶酔のうねりと、高潔な魂を気取る虚飾の※4顫動《せんどう》とを同時に認めていた。より多く哀しめることを誇るような、より傷つきやすいことを言い訳にするような、まるで転んだだけで大声をあげて泣き叫びおとなの庇護《ひご》を要求する幼児のような浅ましさを相手の中に、そして自分の中に見いだした。

彼女たちは素直に感傷に浸れなかったことで互いの存在を憎んだ。憎みつつ、そこに転がったふたつの魂がなんと弱々しく、澄んだ感傷に包まれて蛙《かえる》の卵のように見え透いているのだろうと知ってゾッとした。

この日、裕生も、おそらく尚子も、取り繕うのはおまえの役目だと言わんばかりの沈黙にどっぷりつかりながら、自分たちが平凡きわまりないひとりの餓鬼《がき》だと思い知らないわけにはいかなかった。

あれから裕生は〈僕〉を気取る自分の心情について考え始めた。もっと純粋でもっと硬くもっと毅然《きぜん》とした固有の一人称がほしいと思った。魂を、透けて見えても恥じない水晶の

※4…ふるえ動くこと。

ようにしたいと願った。

尚子の方は部会に出てこなくなり、会えばからからと空虚に笑うようになった。尚子の魂はくぐもったベールに包まれ、三年になって同じクラスになってみると、(D)いつしか彼女は〈あたし〉という一人称を身につけていた。

「言ってやればよかったのに、センダじゃなくてチダです。ユミじゃなくてヒロミですって」

机の縁をつかむ佳奈の腕には男物の時計がぶら下がっていた。恋人どうしで時計を交換するのが流行《はや》っているらしい。

「名前、間違われるのって一番腹立たない？」

「慣れてるから……」

太い銀色のバンドがルーズに掌《てのひら》の方まで落ちているのを眺めながら、裕生は言った。

「なるほど」

佳奈が手首を上げると、ジャラリと音がして今度は時計が肘《ひじ》の方まで移動した。何時だろう、と裕生は身を捻《ひね》ってそれを覗《のぞ》き込む。

「自分だって忘れちゃうことあるんだよ、名前。先生が間違えたって仕方ないよ」

佳奈は肩をすくめ、すくめたついでに揉《も》みほぐしながら、教室移動を促した。

センダだろうがチダだろうが、ユミだろうがヒロミだろうが、どうせ自分でつけた名前ではないと裕生は思う。自分だったら……自分だったら、名などつけないだろう。こんな何もないようなものに名などつけようもない。〈千田裕生〉という名は、まるで空の鞄《かばん》のようだ。持って歩けば言い訳は立つが中身はない、そんな気がする。

(E)多分そんなとき、裕生は〈僕〉に、より同化するのだろう。〈僕〉と書くとき、それは、ひとつの目、千田裕生の肉体やうっとうしい思惑を離れたひとつの魂の視点だった。透明な視点。何者でもない僕。

女らしくするのが嫌だった。優等生らしくするのが嫌だった。人間らしくするのも嫌だった。どれも自分を間違って塗りつぶす、そう感じたのはいつ頃だったろう。器用にこなしていた〈らしさ〉のすべてが疎ましくなって、すべてを濾過《ろか》するように〈僕〉になり、そうしたらひどく解放された気がした。女子高に来ると他《ほか》にも〈僕〉たちはいっぱいいて、裕生はのびのびと〈僕〉であることができた。

要するに否定と拒絶からなる〈僕〉は、のびやかで透明だったけれど、虚《うつ》ろに弱々しくもあった。

3

**問一**　傍線部(ア)〜(ウ)の本文中における意味として最も適当なものを、次の各群の①〜⑤のうちから、それぞれ一つずつ選べ。

(ア)　身の丈に合っていた
① 自分にとってふさわしかった
② 自分にとって魅力的だった
③ 自分にとって都合がよかった
④ 自分にとって親しみが持てた
⑤ 自分にとって興味深かった

(イ)　おずおずとした調子
① 気まずい感じ
② しらける感じ
③ ためらう感じ
④ かたくなな感じ
⑤ つまらない感じ

(ウ)　一矢を報いずには
① 無視せずには
② からかわずには
③ ごまかさずには
④ 嘆息せずには
⑤ 反撃せずには

問二　傍線部(A)「ああ、やっぱりそうだ、と妙に納得した」とあるが、裕生はどのように納得したのか。その説明として最も適当なものを、次の①～⑤のうちから一つ選べ。

①裕生は、尚子が他人に媚びたり安易に同調したりせず、自分の感性や意思を大事にする人だと納得した。

②裕生は、尚子が他人とは異なる知的で大人びた物言いをし、現実的で醒めた思想を持つ人だと納得した。

③裕生は、尚子が他人の模倣をしたり周りの人と協調したりせず、天衣無縫で自由な人だと納得した。

④裕生は、尚子が他人の知識に影響されず、批判的で冷静な態度を崩さない超然とした人だと納得した。

⑤裕生は、尚子が他人とのつきあいを極力避けて、孤独に過ごす時間を好む思慮深い人だと納得した。

問三　傍線部(B)「月に帰るかぐや姫に心を打たれた」とあるが、どういうところに心を打たれたのか。その説明として最も適当なものを、次の①～⑤のうちから一つ選べ。

①かぐや姫が、人間界で育ての親や多くの人々に愛されたことに感謝しながら、生まれ故郷である月に帰ることができたところ。

②かぐや姫が、人間界で多くの立派な地位の人たちに求婚されながらも、最後まで孤独を貫いて月に帰ることができたところ。

③かぐや姫が、人間界における富や名声に未練を感じることもなく、魂の純粋さを保ったままで月に帰ることができたところ。

④かぐや姫が、人間界のしきたりや煩わしい人間関係から離れて、ひとり自分の居場所である月に帰ることができたところ。

⑤かぐや姫が、人間界では美貌《びぼう》のみが賞賛されることに違和感を覚え、人間界とは価値観の異なる月に帰ることができたところ。

**問四**　傍線部(C)「ふたりは、ふたりであるがために身をこわばらせて黙り込んだ」とあるが、それはなぜか。その説明として最も適当なものを、次の①～⑤のうちから一つ選べ。

① 裕生と尚子は二人とも同じ傾向の文学作品に興味を持っているものの、お互いに相手の考えや感じ方がわかりすぎるため、自由に意見を交わすことができなくなってしまったから。

② 裕生と尚子は二人とも自己の不在を夢みていたが、生からの逃避が実現できないことだとお互いにわかったため、それ以上夢について語り合うことができなくなってしまったから。

③ 裕生と尚子は二人とも相手の感性に共感を抱き合っているものの、結局はお互いにすべてを了解し得ないことが明白になったため、自分の気持ちを語ることができなくなってしまったから。

④ 裕生と尚子は二人とも高潔で繊細すぎるという似通った性格であり、お互いに傷つけ合うことを恐れたため、自分の気持ちを素直に伝えることができなくなってしまったから。

⑤ 裕生と尚子は二人とも生に対して同じ思いを抱いており、お互いに考えの甘さを見透かされていると感じたため、自分の感情をそのまま表現することができなくなってしまったから。

**問五**　傍線部(D)「いつしか彼女は〈あたし〉という一人称を身につけていた」・(E)「多分そんなとき、裕生は〈僕〉に、より同化するのだろう」とあるが、〈あたし〉と〈僕〉の説明として最も適当なものを、次の①～⑤のうちから一つ選べ。

① 〈あたし〉は私的な場で女性らしさを強調する意味で用いる一人称であるが、〈僕〉はあえて反女性的な存在であろうとして用いる一人称である。

② 〈あたし〉は女性としての意識を高めようとする意味で用いる一人称であるが、〈僕〉は周りの人より優れた存

在であろうとして用いる一人称である。

③〈あたし〉は周りとの調和を保とうとする意味で用いる一人称であるが、〈僕〉は社会通念にとらわれない自由な存在であろうとして用いる一人称である。

④〈あたし〉は女性どうしの連帯感を得ようとする意味で用いる一人称であるが、〈僕〉は男性社会へより接近したいという願望を込めて用いる一人称である。

⑤〈あたし〉は親しい間柄であることを示す意味で用いる一人称であるが、〈僕〉は公的な場で相手との距離を置きたいときに用いる一人称である。

**問六** この文章における表現と内容の特徴についての説明として適当なものを、次の①～⑥のうちから二つ選べ。

①「真摯であって不真面目」といった矛盾する言い回しや、「理解よりも無理解を」といった対立する語が用いられることで、感情が両極端に揺れ動きがちな裕生の内面が生き生きと描写されている。

②「状況が許せば裕生は泣きたかった」のように主として裕生の心情に焦点をあてて描かれているが、「そんな者どうしが友情を結び合えるものだろうか」のように別の視点からも描かれ、人物像が浮き彫りにされている。

③「硝子の触れ合うような音」や「夢の前に立ちすくむ」などの比喩《ひゆ》的表現が多用されることで、登場人物の繊細で鋭敏な性格が鮮やかに印象づけられている。

④人物の容姿や行動の描写が少なく、「自己陶酔のうねり」「抹消を試みる」などのような観念的な言葉が多用されており、登場人物の心の動きが具体的に描き出されている。

⑤冒頭の詩では「ぼく」が各行の初めに置かれて強調されているが、以降の文章では「ぼく」という一人称より、女性であることにこだわっている裕生と尚子の姿が表現されている。

⑥会話文中に「……うん。泣いた、僕」のように「……」が使用されることで、裕生と尚子の会話に余韻が与えら

3

れ、二人が徐々に親交を深めていく様子が細やかに写し出されている。

| 解答欄 | | | | | | | | | | | |
|---|---|---|---|---|---|---|---|---|---|---|---|
| 問 | 配点 | 1 | 2 | 3 | 4 | 5 | 6 | 7 | 8 | 9 | 0 |
| 一 | (各3点) | ① | ② | ③ | ④ | ⑤ | ⑥ | ⑦ | ⑧ | ⑨ | ⓪ |
| | | ① | ② | ③ | ④ | ⑤ | ⑥ | ⑦ | ⑧ | ⑨ | ⓪ |
| | | ① | ② | ③ | ④ | ⑤ | ⑥ | ⑦ | ⑧ | ⑨ | ⓪ |
| 二 | (8点) | ① | ② | ③ | ④ | ⑤ | ⑥ | ⑦ | ⑧ | ⑨ | ⓪ |
| 三 | (7点) | ① | ② | ③ | ④ | ⑤ | ⑥ | ⑦ | ⑧ | ⑨ | ⓪ |
| 四 | (8点) | ① | ② | ③ | ④ | ⑤ | ⑥ | ⑦ | ⑧ | ⑨ | ⓪ |
| 五 | (8点) | ① | ② | ③ | ④ | ⑤ | ⑥ | ⑦ | ⑧ | ⑨ | ⓪ |
| 六 | (各5点) | ① | ② | ③ | ④ | ⑤ | ⑥ | ⑦ | ⑧ | ⑨ | ⓪ |

第4講

問題

Question

# 『ひのき』

（幸田文）

〔出題：日本大〕

| | |
|---|---|
| 解答時間 | 23分 |
| 目標得点 | 35 / 50点 |
| 学習日 | ／ |
| 解答頁 | P.45 |

## ◆「投げ出された場所」で生きる

「バタフライ効果」という言葉がある。初期状態のわずかな違いが、将来、予想もつかないような大きな違いを生み出すことをいう。たとえば、小学一年生の時のクラスが1組ではなく2組だったら、あるいは、もう一日だけ早く生まれていたら、君の人生はまったく違うものになっていたかもしれない。自分で選んだわけでもない初期状態のわずかな違いが、後に途方もなく大きな違いをもたらす。人生は不条理だ。我々は「投げ出された場所」で生きるしかない。次の文章は、希代の名文家、幸《こう》田《だ》文《あや》による珠玉のエッセイ集『木』の中の一篇だ。気に入ったら、ぜひ原典となった本の方も読んでみてほしい。（輿水）

# 第4講　次の文章を読んで、後の問いに答えなさい。

1　ながく良材ばかりを手がけ、いまは各国の木材をも扱っている木材業の人にきくと、(A)言下に、良質の檜《ひのき》はどこの国へ出してもヒケはとりませんね、という。質と美しさは抜群だ、といってずらずらっと、強度が高い、湿気に強い、(a)腐ハイしない、通直である、木目が美しい、香気《こうき》がある、色沢《しきたく》が柔らかいという。いいことずくめですねといえば、そうですと笑う。檜の木肌は白くて艶がある、白く光るものに陽がさせば、たいがいは目を刺激する、それが檜の白は目を刺さない、よほど品位ある白というか、特徴のある色沢というか、いいが上にもいい、といった(B)趣きがあります、という。思わず聖書で習った、持てるものは持てる上に与えられ、という句を思いだした。たっぷりと、いい性格をもって生れている木なのだった。事実、(b)ケズりあげた板一枚を見ても、それがあまり上質でない板であっても、一見して素人にもわかるのは、素直さ、えらぶらない清々《すがすが》しさ、際立《きわだ》たないほんのりした色、澄んだ香り等等、なるほどおよそ嫌なところというものがないのである。ある大工さんが、檜はかんな屑《くず》さえ、時に手に取って捨て惜しく見ることがある、というのを聞いたこともある。日本は資源のすくない国だそうだけれども、こんな良木があることは誇りである。

2　でも、(1)あまりよすぎると、こちらが淋しくなってしまう。賤《いや》しい心は、いいもの美しいもの立派なものの前へでると、ひとたまりもなく、はあとばかり感じ入ってしまう。殆《ほとん》ど無条件なくらい、とたんに感動してしまう。敏感だともいえるし、いいものに弱いともいえる。そこまではいいが、そのあとが困る。自分の見苦しさを思って、心がどんどんしぼんでいき、自分はこんないいものとは遠い存在だと思いこみ、縁のないものだと思う。はあっと感じ入ったことは、実はそこでちゃんと縁が結ばれたことなのに、そうは思わなくて、逆にそこから縁の切目を確認したように思いちがえ、いよいよ身を小さくし、いいものとのつながりをことわってしまう。私もこの賤しさを相当量しょっているので、檜のあまりに揃《そろ》った優良ぶりを見聞きすると、感嘆しながらもだんだんに心萎《な》えていき、そのあげく、檜とはそれほどにまで良い木なんですか、人間に欠点のない人はないといいますが、檜には欠点一つないんでしょうか、とほそぼそと、けれども心の底には少し反撥《はんぱつ》もうごいていて、聞いた。(2)賤しい心、とはここを指すのだと日頃おもっているのだが、よい結縁をもった時に、その結縁をいつまでも喜んで持ち続けていけず、しかもそれだけでなく、今さっき感動し喜んだくせに、暫《しばら》くのちにはわけもなく反撥し、さからいたくなる、その気持を賤しいというのだ、と。いやしさとは、乏しい、貧しい、むさぼる、劣っているなどをいう言葉だが、賤しい心のうちにはしばしば、嫉妬《しっと》が同居している。檜にさからってみたくなるのも、知らぬ間の嫉妬の作用があろうか。だが、相手は［(ア)］受けて、檜にもピンからキリまで、同じ場所に同じように生きてきても、優秀な木は少なくて、難のつく、よくない木も多いものですよ、とつい目の前の二本立の老樹をさした。

3 樹齢三百年ほど、とその人は推定する木だけれども、(イ)兄弟木とでもいうような、より添ってそびえた二本立だった。一本はまっすぐ、一本はやや傾斜し、自然の絵というか、見惚《みと》れさせる風趣である。両木とも根張りが非常に逞《たく》ましく、土をはなれるあたりの幹の立ちあがりの強さといったら、みごとこの上ない。何百年のいのちを疑わせぬ強さが現れている。もちろん幹はぐうんと円筒型のまま持ち上り、下枝はなく、檜特有の樹皮は谷のしめりを吸って、しっとり濡れている。なんのわけで、ピンからキリまでの話に、この木が指し示されたのかわからなかった。樹齢といい、樹勢といい、姿といい申分なく私には見えた。

4 まっすぐなほうは申分ない、という。傾斜したほうは、有難くは頂けない、という。(3)そういわれても、わからなかった。

5 「だいたいこれだけの高さ、太さをもった木が、自分の重量をささえて立つのに、真直に立つのと、かしいで立つのとは、どっちがらくか、考えればすぐわかる。かしいだものは、よけい苦労しなければ立ってはいられない。当然、身に、どこか、無理な努力が強いられているし、その無理は当然、本来すなおであるべき木の性質を、どこかで変形させている(c)勘ジョウになる。よくみて下さい。かしいだ木の樹皮には、ねじれがでています。目に見れば、ほんの僅《わず》かな、いわばカッコいいというほどの傾斜でしかないけれども、それがこの老樹を惜しいことに、傷にしています。もったいないがこの木は材にしても、上材はとれません。檜にもピンもキリもあるんです。」

6 相隣《あいとな》って、ならび立ち、同時同所に生れ、育って、そして無事に何百年を生きながらえて、一方は恵まれてすくすくと優秀に、一方は難をうけて苦痛を堪え、しかも劣級にあまんじなければならない。種子の落ちたそもそもの場所が悪かったのか、その後に土地に微妙な変化でもあったのか、あるいは風か雪か。運不運は、両樹のあいだの畳一枚ほどの距離で、わかたれたことになる。(4)言いがたい哀しさで、見ずにはいられぬその木の太根であった。

7 「このかしいだ木、兄でしょうか。弟と見ますか。兄弟にしろ、友だちにしろ、ある時期にはこの二本は、ライバルであったと考えられます。そして、なにかの理由で、片方は空間を譲《ゆず》る状態になって、今日に来ているのだと思います―まっすぐなほうを庇《かば》ってやったような形なのが、あわれじゃありませんか。二本立にはよくこういうのがありますよ。」

8 その檜は、生涯の傾斜を背負って、はるかな高い梢《こずえ》に頂いた細葉の黒い繁みを、ゆるく風にゆらせていた。そのゆるい揺れでも、傾斜の軀幹《くかん》のどこかには忍耐が要求され、バランスを崩すまいとつとめているのだろう。木はものをいわずに生きている。かしいで生きていても、なにもいわない。立派だと思った。が、せつなかった。

(幸田文『ひのき』による)

問一　傍線部(a)～(c)のカタカナ部分を漢字表記に改めた場合、それと同じ漢字を傍線部で用いるものを、次の各群の中からそれぞれ一つずつ選びなさい。

(a) 腐ハイ
① 彼との勝負にハイボクした。
② 古い制度がハイシされる。
③ 汚れた空気をハイキする。
④ 一流選手をハイシュツする。

(b) ケズり
① チョウゾウを鑑賞する。
② ブンカツ払いで買う。
③ 指輪に名前をコクインする。
④ 作文をテンサク指導する。

(c) 勘ジョウ
① ジョウセキを踏んで実行する。
② セイジョウな数値を示す。
③ ジョウブな生地で仕立てる。
④ ビンジョウ値上げをする。

問二　波線部(A)・(B)の本文中における意味として最も適切なものを、次の各群の中からそれぞれ一つずつ選びなさい。

(A) 言下に
① 言い終わってすぐに
② 即断して
③ 言葉尻をとらえて
④ 勢いあまって

(B) 趣きがあります
① 特別の事情があります
② 言葉にできない特長があります
③ 独特の味わいがあります
④ すばらしい性質があります

**問三**　空欄［（ア）］・［（イ）］に入る言葉として最も適切なものを、次の中からそれぞれ一つずつ選びなさい。ただし、同じものを複数回用いることはできない。

①もちろん　②たぶん　③きっぱり　④さらっと　⑤さながら

**問四**　傍線部(1)「あまりよすぎると、こちらが淋しくなってしまう」とあるが、その理由の説明として最も適切なものを、次の中から一つ選びなさい。

①いいもの美しいもの立派なものは欠点がないので、親しみにくく孤独を感じるから
②いいもの美しいもの立派なものに対する憧れが強すぎて、感傷的になりがちだから
③いいもの美しいもの立派なものは威圧感があるので、全く気力を失ってしまうから
④いいもの美しいもの立派なものに圧倒されて、自分の卑小さを感じさせられるから

**問五**　傍線部(2)「賤しい心、とはここを指すのだ」とあるが、「ここ」の内容説明として最も適切なものを、次の中から一つ選びなさい。

①欠点のない、いいものに対して無条件に反発したくなる気持ち
②いいものに感嘆しながらも素直になれず、さからいたくなる気持ち
③心の底の反発をおさえられず、言葉にして伝えようとする気持ち
④いいものを受け入れようとしないで、それに激しく嫉妬する気持ち

**問六**　傍線部(3)「そういわれても、わからなかった」とあるが、筆者には何が「わからなかった」のか。その説明とし

て最も適切なものを、次の中から一つ選びなさい。

① 目の前の二本立の檜に優劣の差があるということ　② 傾斜した檜はありふれていて有難くないということ

③ 二本の檜のどちらが傾斜しているのかということ　④ 檜になぜピンからキリまであるのかということ

**問七** 傍線部(4)「言いがたい哀しさで、見ずにはいられぬその木の太根」とあるが、ここでの筆者の心情はどのようなものと考えられるか。その説明として最も適切なものを、次の中から一つ選びなさい。

① 同時同所に生まれた檜でも、材として一方は優秀な木に育ち、一方は難のある木にしか育たないという事実が、自分の身につまされて耐え難いほどつらい。

② 長いあいだ同じ場所で苦労して育ててきた檜でも、少しでもかしぐと木の性質が変形して上材にならないことがわかり、檜のような立派な木が材として役に立たないことがあるのがあまりにも悲しい。

③ 同じ場所にならび立つ檜の一方が、かしいで生きなければならない境遇を背負いながらも懸命に生き抜いてきたのに、木材としては劣級としてしか扱われないことがせつなかった。

④ 同じ場所に兄弟のように生まれ育った二本の檜の一方が、空間を譲り片方をかばうようなかたちで何百年も立っている姿があわれで、ひとの運不運の分かれ目を考えさせられずにはいられない。

**【解答欄】**

| 問 | 解答 | | |
|---|---|---|---|
| 問一（各2点） | (a) | (b) | (c) |
| 問二（各3点） | (A) | (B) | |
| 問三（各3点） | (ア) | (イ) | |
| 問四（8点） | | | |
| 問五（8点） | | | |
| 問六（8点） | | | |
| 問七（8点） | | | |

第5講

問題
Question

# 『人はなぜ「美しい」がわかるのか』

（橋本治）

〔出題：専修大〕

| 解答時間 |
| --- |
| 25分 |
| 目標得点 |
| 35/50点 |
| 学習日 |
| ／ |
| 解答頁 |
| P.57 |

### ◆「時間がかかる」は悪いこと？

仏教学者の中村元《なかむらはじめ》に次のような有名な逸話がある。彼が約二十年を費やして執筆した『佛教《ぶっきょう》語大辞典』の原稿三万枚（一般書籍にして約百冊分）を、あろうことか出版社が紛失してしまう。謝罪に訪れた出版社の人間に、彼は「怒っても出てこないでしょう」と言い、八年かけて書き直し、完成時にこう言った。「書き直したおかげで前よりずっと良いものが出来ました」。――近代以降の社会に生きる我々は、時間がかかること、効率の悪いこと、不便なことを嫌う。より速く、より効率的に、より便利に……。だが、もし、「良いもの」が「時間がかかる」を必須とするなら？　異才の人、橋本治の文章を読んでみよう。（輿水）

## 第5講　次の文章を読んで、後の問いに答えなさい。

1 今の私達は「作る」ということに関してあまりにも (X) 感になっていて、「作る」ということが、無数の「出来ない」を克服した結果なのだということを忘れています。作ることに失敗したら、その結果は「出来ない」で、「作れない」なのです。「作れた！」「出来た！」というのは、その困難を乗り超えた結果の達成で、だからこそ「出来上がったもの」には、「出来上がるまでのプロセス」が刻まれているのです。博物館のガラスの向こうにある磨製石器が「ただの石のかけら」とは違ったものになっているのは、そこに「出来た！」に至るまでのプロセスが刻まれているからです。

2 新石器時代の人間にとって、磨製石器を作ることが簡単だったかどうかは分かりません。その時代に「磨製石器を作る技術《ノウハウ》」だけはあったのですから、もしかしたら簡単だったのかもしれません。しかし、旧石器時代を消滅させてしまうような技術は、誕生までに長い時間がかかりました。その技術が登場したとしたって、その技術をマスターしなければ、新石器時代人にだって磨製石器は作れません。そして、その技術をマスターしたって、個別の石にその技術を適用し、「よりよい磨製石器を作る」ということになったら、話はまた別です。だから我々は、博物館のガラスケースの向こうにある磨製石器のいろいろを見て、「これはカッコいいが、こっちはそうでもない」などと思うのです。私はそう思いますから、あなたも是非そう思って下さい。

3 完成したものは一つのフォルムを持っている。完成しないものには、そのフォルムさえ宿らない。そして、完成してフォルムを持ったものには、その先「よし、悪し」という新しい達成基準が生まれる。人が物を作るというのは、新たなハードルを生み出すことでもあって、技術は「模索とためらいと失敗」の中からしか生まれない。そうして獲得した技術であっても、「ためらい」という混乱の中で揺れる――揺れなければ、「よりよい」という未知の領域へ届けない。技術は(A)「時間」を内包して、そして更に「ただの技術」として終わったものは、新しい段階に至って捨てられていく――石器というものは、それだけのことを私達に教えてくれるのだと思います。

4 人間は「技術」というものを我が身に備えます。その「技術」は、ただ備えただけでは意味を持ちません。人間には、「技術を適用する」ということが必要とされます。「技術」の獲得には時間がかかって、「技術の適用」には、ためらいと挫折がつきものです。それは当然のことで、だからこそ、人間の「ものを作る」には時間がかかります。「いいもの」というのは、その、時間とためらいと模索の［(B)　　］で、だからこそ、昔に作られたものには「いいもの」が多いのです。

5 簡単な真理とは、「いいものは簡単に作れない」で、「時間をかけて作られたものは、それなりに〝いいもの〟になる」です。時間をかけても、「作ることに失敗したもの」は、「もの」になりません。「ものになった」ということは、それ自体で既に「いいこと」で、そのためには、それなりの時間がかかります。ものを作る人間は、時間というものを編み込んで、「作れた＝出来た」というゴールへ至るのです。

6 昔には「簡単に作れる」という質の技術がありませんでした。だから、ものを作る人間は、時間をかけるしかありませんでした。そして、「ちゃんと作る」をしないと、「作る」がまっとう出来ません。「ちゃんと作る」はまた、「失敗の可能性」を不可避的に浮上させて、「試行錯誤」を当然とさせます。「ためらい」と「挫折」があって、そのいたるところに口を開けた「失敗への枝道」を回避しながら、「出来た」の待つゴールへ至らなければなりません。「作る」という行為は、葛藤の中を進むことなのです。「ものを作る」という作業は葛藤を不可避として、葛藤とはまた、「時間」の別名でもあります。「時間をかける」とはすなわち、「自分の都合」だけで生きてしまう人間の、「思い込み」という美しからぬ異物を取り去るための行為なのです。「葛藤は、完成のための研磨材」かもしれません。

7 ところが人間はある時、この「時間がかかる」を、「人間の欠点」と思うようになりました。「欠点だから克服しなければならない」と思ったのです。それで、「時間がかかる」を必須とする「人間の技術」を、機械に移し換えようとしたのです。産業革命以降の「産業の機械化」とは、この事態です。

8 機械化による大量生産は、ものを作る人間から、「ためらい」という時間を奪いました。

ものを作りながら、(C)ろくでもない「思い込み」を削り落とし、「完成＝美しい」というゴールへ近づけるプロセスを排除してしまいました。つまり、ためらいぬきで、「観念」が現実化してしまうということです。

9 そうなった時、「ためらい」は、「観念」を現実化する前の段階でだけ起こります。「試作」というためらいの期間が終わったら「観念」はそのまま、ためらうことなく現実化されるのです。その一直線のプロセスに、もう「ためらい」は存在しません――それが存在することは、ただ「生産ラインの故障」なのです。

10 ものを作る人間も「試作」をします。そして、「試作」の後の段階になっても、相変わらず「ためらい」を実践します。ためらいながら、その「ためらい」を克服しつつ、(D)「作る」の道を進むのが人間です。しかし、機械に「作る」をまかせてしまった人間は、そのことがよく分からなくなってしまいました。だから、人の住む町は、「これは美しいはず」「合理的であるはず」「機能的であるはず」という、「観念がそのまま形になってしまった物」に(Y)侵され、それを修正することも出来ぬまま、(E)「美しくない物」を氾濫させているのです。

（橋本治『人はなぜ「美しい」がわかるのか』による）

**問一**　空欄 (X) を補うのにもっとも適当な文字を、次の①～⑤の中から一つ選びなさい。

①多　②実　③好　④敏　⑤鈍

**問二**　傍線部(Y)「侵」の読みとしてもっとも適当なものを次の①～⑤の中から一つ選びなさい。

①ひた　②おか　③つぶ　④みた　⑤だま

**問三**　傍線部(A)「『時間』を内包して」とあるが、これを言い換えたものとして適当でないものはどれか。次の①～⑤の中から一つ選びなさい。

①出来上がった結果が無数の「出来ない」を克服しているということ
②「出来上がるまでのプロセス」が刻まれているということ
③出来上がった石器が博物館に今でも残っているということ
④「失敗の可能性」を不可避的に浮上させ、「試行錯誤」を当然とすること
⑤一つのフォルムを持っているということ

**問四**　空欄 (B) を補うのにもっとも適当な語句を、次の①～⑤の中から一つ選びなさい。

①結晶　②媒体　③蓄積　④対決　⑤意匠

**問五**　傍線部(C)「ろくでもない『思い込み』」とあるが、それはなにによって削り落とされるのか。次の①～⑤の中から、もっとも適当なものを一つ選びなさい。

①ためらいぬきでの観念の現実化
②試作のあとの段階でのためらいの実践
③時代を消滅させてしまうようなノウハウ
④簡単に作れるという質の技術
⑤機械化による大量生産

**問六**　傍線部(D)「『作る』の道を進む」という内容に当てはまらないのは次のうちどれか。もっとも適当なものを次の①～⑤の中から一つ選びなさい。

①「失敗への枝道」を回避する　②時間というものを編み込む　③新たなハードルを生み出す
④模索と挫折の中で揺れる　⑤時間がかかることを嫌う

**問七**　傍線部(E)「『美しくない物』を氾濫させている」とあるが、それはなぜか。その理由を文中の語句・表現を用いて書きなさい。答えは三十一字以上四十字以内で記入しなさい。

【解答欄】

問一（3点）
問二（3点）
問三（8点）
問四（4点）
問五（8点）
問六（8点）
問七（16点）

第6講

問題
Question

# 『自由のこれから』（平野啓一郎）

〔出題：大阪学院大（改題）〕

| 解答時間 | 目標得点 | 学習日 | 解答頁 |
| --- | --- | --- | --- |
| 25分 | 35 / 50点 | ／ | P.69 |

## ◆「自由」という虚構

「自由に選択した人生だから自己責任が問われるのではない。逆だ。格差を正当化する必要があるから、人間は自由だと社会が宣言する」（小坂井《こざかい》敏晶《としあき》『神の亡霊』）――現代社会は「自己責任論」が幅を利かせています。「自分で決めたことなんだから（＝自由に選択したことなんだから）自分で責任をとれ」という言葉には、抗《あらが》いがたい説得力がありますよね。でも、「自由」は人間が作り出した言葉です。「自由選択の結果なのだから、格差は仕方がないよね」といった形で格差を正当化するためのフィクションなのかもしれません。本講では「自由」について考えます。（西原）

# 第6講　次の文章を読んで、後の問いに答えなさい。

1 今日、自由が議論に上る理由の一つは、自己責任論を説く新自由主義的な発想が世に蔓《まん》延《えん》しているからである。

2 一般に語られている内容は、実に単純なことで、豊かな生活を手にしたのは、自分が努力したからだ。貧しいのは、努力が足りないからだ。——ほぼこれに尽きる。実力社会だ、甘えるな、という一種の根性論だが、「努力」ではなく、A「能力」の差だといった決定論的な言い方にならないところが一つのミソだろう。

3 資本主義の発展に伴う「自助《セルフ・ヘルプ》」の思想は、一九世紀イギリスのヴィクトリア朝時代以来、何度となく語られてきたが、今日、こうした自己責任論が支持される背景には、国家の財政的なリソースがBコカツしてきていることに対する不安が強く作用している。

4 貧しかろうと富んでいようと、それは、個人の自由な決断によって切り拓《ひら》かれた人生の結果だというのが、社会保障費を貧困層に分配せずに済ませるための理屈である。その主張は年々、ヒステリックになっていて、「真面目に働く納税者が損する社会になってはいけない」という保守系政治家の主張に賛同する声も少なからずある。

5 社会的弱者は、財政難の国家に「迷惑をかけている」というわけで、ここまで来ると、もはや、新自由主義というより、C全体主義である。

6 新自由主義的世界観に対しては、さまざまな批判がある。努力次第と言っても、そもそもの条件は平等なのか？

7 トマ・ピケティの『21世紀の資本』は、資産の成長率が給与所得者の賃金の成長率よりも高いことを膨大なデータを用いて示し、日本でも大きな話題となった。持てる者はますます富み、しかも相続を通じてその経済格差は、社会の中で固定化されてゆく。

8 かつては、一億総中流社会と呼ばれた日本でも、経済格差が拡大し、貧困が世代を通じて固定化されていく懸念が強まっている。

9 貧しい家庭に生まれた人が貧しいままでいるのは、その人の自由な選択の結果だとはとても言えない。そうした社会では、富める者も貧しい者も、自覚するのは自由より「運命」的なものだろう。

10 もちろん、一代で成功し、富を築く人たちもいる。富裕層ではないが、生活は安定しているという人たちもいる。そのことに対する嫉妬が、彼らの努力や功績を貶《おとし》めるというのは、確かに日本で見られる憂鬱《ゆううつ》な現実の一つである。成功しても評価されないとあっては、人生が虚《むな》しくなるのも当然である。

11 しかし、それ以上に、彼らが社会的弱者に対して手厳しく努力を強い、怠惰を戒めるような口調になるのを見ると、奇異な印象を受ける。「なぜ、努力しないのか」という非難には、その見返りとしての「成功」の素晴らしさを讃《たた》える表現よりも、しばしば、自身の苦労体験の強調が見られる。

12 『空白を満たしなさい』という小説の中で書いたことだが、今日、私たちの社会で経済格差をあるいは肯定し、あるいは否定する唯一の条件があるとするならば、それは「疲労」である。

13 もし裕福な生活が、生まれ育ちや才能といった先天的な条件によるのではなく、絶え間ない努力による「疲労」との交換で得られたものであるならば、彼らの成功は受け容れられるだろう。

14 他方、貧困層が身をすり減らして働き、疲労困《こん》憊《ぱい》している姿を見せられれば、［ D ］。

15 しかし、そうした目に見える疲労がなければ、持てる者は尊敬されず、持たざる者は同情されないという息苦しさが、いまの日本には蔓延している。つまり、疲労の平等が、富の再分配の条件だというわけである。

16 自分の苦労の分だけ、他人も苦労していなければ損したような気分になる。こうしたメンタリティのもっと身近な例として、私の十代の体験を紹介したい。

17 私の通っていた高校には、三年生の夏休みになっても、秋の体育祭の練習のために登校を命じられるような理不尽なところがあった。

18 私や私の親しい級友たちは、馬鹿馬鹿しいので、一切その練習に参加しなかったが、真面白な女子たちは多くが参加していて、あとでそのことを巡って大ゲンカになった。

19 私はてっきり、そういうお祭り行事が好きな人たちがいて、勝手にやっていることで、参加するのもしないのも自由だと思っていた。ところが、言われたのはこういうことだった。

20 「自分たちだって、やりたいと思ってやってるわけじゃない。予備校の夏季講習にも出られないし、受験の不安もある。けれども、他のクラスもみんなやってることだし、やらないといけないからやってる。それをサボるのは身勝手だ。」

21 私は驚いて、そんなに嫌ならやらなければいいじゃないかと言った。自分たちだって我慢してやっているのだから、嫌でもみんなやるべきだという理屈は、誰も幸せにしない。その後のやりとりがどうなったかは忘れたが、とにかく、この一件は非常に大きな教訓になった。

22 実際、サーヴィス残業にせよ、自由な意志でやっているというより、やらざるを得ないから我慢してやっていて、だからこそ、さっさと退社する部下や同僚が許せないという悪循環は、E月並みな光景だろう。いわゆる「ゆとり世代」への批判は、大体、Fこの類である。

23 新自由主義者の「自分たちも楽しく仕事をしているわけじゃないけど、しなければいけないから仕事をして、給料をもらい税金を納めている。なのに、働いていない奴《やつ》が社会保障費をもらっていいのか」という不寛容な自己責任論。その背景には、自由どころか、こうした苦労と疲労の負債が堆《うずたか》く積み上がっているのではあるまいか。

（平野啓一郎『自由のこれから』による）

問一　傍線部Aについて、その理由の説明として最も適切なものを、次の中から一つ選びなさい。
①「能力」の問題と考えると、貧富の格差を肯定してしまうから。
②「能力」の問題と考えると、本人の責任を問いづらくなるから。
③「能力」の問題と考えると、自助の考え方が不可欠になるから。
④「努力」の問題と考えると、当人を責めるのが難しくなるから。
⑤「努力」の問題と考えると、単なる根性論になってしまうから。

問二　傍線部Bの漢字表記として最も適当なものを、次の中から一つ選びなさい。
①活　②喝　③轄　④渇　⑤滑

問三　傍線部Cは、どういう点を言うのか。最も適当なものを、次の中から一つ選びなさい。
①個人の自由な決断によって切り拓かれた人生の結果と考える点。
②国家の財政的なリソースに対する不安を考えようとしない点。
③保守系政治家の主張にヒステリックに賛同しようとしている点。
④自己責任論が支持されても決定論的な言い方にはならない点。
⑤個々の社会的弱者よりも国家の利益を優先する考え方である点。

問四　空欄Dに入れるのに最も適当なものを、次の中から一つ選びなさい。
①彼らの成功は社会的に受けられないだろう。
②周囲の者は自ら率先して彼らを救済するだろう。
③彼らを救済する意欲はそがれてしまうだろう。
④社会的に彼らを救済することに同意するだろう。

⑤国家が彼らに手を差し伸べることに反対するだろう。

**問五** 傍線部Eに最も意味の近いものを、次の中から一つ選びなさい。

① いじらしい　② ありふれた　③ みっともない　④ ふっきれた　⑤ あきれた

**問六** 傍線部Fに該当するものを、次の中から一つ選びなさい。

①成功の素晴らしさを讃える際に、まず自分自身の苦労体験を強調したがる。
②社会的弱者に対して手厳しい口調になる人を見ると、なぜか嫉妬を覚える。
③裕福な生活が、生まれや育ちなどの先天的な条件によるものだと決めつける。
④自分の苦労の分だけ、他人も苦労していなければ損したような気分になる。
⑤行事好きな人たちが勝手にやることには、参加しないのも自由だと考える。

**問七** 本文の内容に合致するものには○、しないものには×を書きなさい。

①貧困層は、経済格差を「能力」の差として決定論的に語ることを避けたがる。
②現代社会では疲労が富の再分配の唯一の条件になっていると、筆者は考えている。
③貧富の格差が固定化されると、人々はそれを「運命」として感じるようになる。
④ピケティによれば、資産と賃金の成長率が比例関係にないことが格差の原因である。
⑤筆者は、高校の親しい級友と現在の新自由主義者の発想に共通性を見出している。

【解答欄】

問一（8点）

問二（3点）

問三（7点）

問四（6点）

問五（4点）

問六（7点）

問七（各3点）

①

②

③

④

⑤

第7講

問題
Question

# 『戦争を記憶する』

（藤原帰一）

〔出題：成蹊大（改題）〕

| | |
|---|---|
| 解答時間 | 25分 |
| 目標得点 | 35/50点 |
| 学習日 | ／ |
| 解答頁 | P.79 |

## ◆一つの惨劇が生んだ正反対の教え

第二次大戦中、大勢のユダヤ人が強制収容所で虐殺されました。精神科医ヴィクトール・フランクルも収容された一人ですが、奇跡的に生還し、その体験を『夜と霧』に記しています。彼によると、理不尽な暴力にさらされ続けた人々は「深刻な感情消滅」を経験します。彼自身、仲間の死体を見つめながら平然とスープをすすっていられるほどに感情が消滅してしまうのです。第二次大戦は数千万人の死者・行方不明者を生み出しました。人類史上最も大規模で、最も破壊的といわれるこの戦争から、人類はどのような教訓を得たのでしょうか。ホロコースト博物館と広島の平和記念資料館。この二つに注目します。（西原）

# 第7講　次の文章を読んで、後の問いに答えなさい。

1　戦争を記憶する博物館として、広島の平和記念資料館とワシントンのホロコースト博物館は、重なるところが多い。犠牲者を悼むことが出発点にあることでも、過去を伝えるばかりでなく、そこから現在の戦争と平和について考えるように誘われる点でも、また展示ばかりではなく、資料の収集と研究を行う点でも、そっくりだといっていいほどだ。ところが、(1)この二つの博物館は、戦争の記憶から引き出された、戦争と暴力についての価値判断が、まるで違う方向を向いている。

2　広島の記念館は、何よりも核兵器の廃絶を訴えている。平和運動で用いられることばを使えば、核兵器は「絶対悪」とされ、その延長上には、戦争そのものを絶対悪として捉える考え方がある。

3　広島の記念館は、戦争を起こした責任や、原爆を投下した責任を問いかけているとは必ずしもいえない。主体と行動の責任を問うのではなく、核兵器という兵器の廃絶と、さらには戦争の廃絶を求めることにメッセージが向けられている。犠牲の記憶は、他の事例では責任者の謝罪や処罰の要求につながることが多いが、広島の平和運動では、軍事行動をとった相手方への謝罪要求ではなく、兵器の廃棄が求められている。この独特な性格は、戦争を悪とする、反戦・不戦というメッセージを抜きにしては考えられない。

4 戦争を絶対悪とする場合、誰が戦争を戦うかによって正しいか間違っているかが決まることはない。戦争そのものが悪なのだから、戦う主体によっては戦争が正しくなるというはずもない。また、その処方箋も、侵略戦争を起こす政府を解体することではなく、戦争という行為の追放と、それを可能とする武器の追放に向けられる。

5 この視点から見れば、正しい核兵器の使い方がないのはもちろん、「正しい戦争」という概念はあり得ないし、あるとすれば、戦時動員のために人を欺くデマゴギーに過ぎない。まして、原爆投下のおかげで軍国主義が日本から追放され、現在の平和が生まれた、などと判断する余地はまったくない。

6 他方、ホロコースト経験の教えは、絶対悪を前にしたときは、その悪に踏みにじられる犠牲者を見殺しにせずに、立ち上がらなければならない、という教えである。より細かくいえば、ホロコースト博物館のメッセージには、ユダヤ人が、その民族に降りかかったもっとも悲惨な受難を語り伝え、悼むという、ユダヤ人をメッセージの主な受け手とする側面と、この悲惨な暴力について、すべての人に語り伝えてもらいたいという、より広いメッセージの両方が含まれている。

7 後者は、間違っても絶対平和のメッセージではない。ナチスによる迫害が続けられていることを知りながら立ち上がろうとせず、犠牲者たちを見殺しにした諸国の行動は正しかったのか。暴力への批判に加え、暴力を放置した責任もここでは問われている。

7

8 この違いが、博物館の運営者の私的な見解の違いではないことは、いうまでもない。広島とホロコーストという二つの出来事から、その出来事を記憶しようという人々の引き出した規範が異なっており、それが博物館の展示の違いに反映しているのである。

9 第二次世界大戦のさなかに起こった虐殺としては、ユダヤ人虐殺も広島の原爆投下も似たところがある。武装していない市民が、ホロコーストにおいては生活の場から引き離されて虐殺され、広島ではその生活の場ごと焼き払われた。厳密にいえば、ホロコーストは戦場における戦闘行為として行われた虐殺ではなく、広島の原爆投下は（国際法上の正当性に疑問の残る作戦ではあるが）正規軍による軍事行動であるから、「戦争による死」としてまとめることはできない。しかし、非戦闘員にもたらされた（ア）フジョウリな死として、両者の間には、明らかな共通性がある。

10 この二つの出来事が、異なる行為規範を生み出した。ホロコーストの記憶は、殺人者や破壊者に対して立ち上がる責任を問いかける。広島の記憶は、戦争行為の倫理性を問い、絶対平和の実現を求めている。戦時の暴力が、一方では戦争を戦う責任という教訓を、他方では戦争を廃絶する責任という教訓を残したのである。

11 A

12 これは、憲法第九条とそれをめぐる論争にふれてきた日本の読者には、ごくおなじみのパラドックスである。日本国憲法の定める戦力不保持の原則と、日米安保条約を含む、「力の均衡」に基づいた国際秩序維持との関係が、「平和主義」と「現実主義」の対抗というかたちで、繰り返し問われてきたからだ。その中心は、武力によって平和が保たれるのか、武力こそが平和を壊すのか、という判断の対立だった。

13 もっとも日本の国内におけるハト派とタカ派との議論とは異なって、ここでは理想と現実ではなく、二つの異なる理念が対立している。日本の平和論では、武力は現実の側に、武力放棄は理想に属していた。しかし、ホロコーストの教えは力を認めるべきだという現実主義ではない。そこで説かれるのは、不当な現実には屈せず不法な暴力を前にして武器を取る義務と責任である。戦争という現実を受け入れろという議論ではなく、正戦の倫理が伝えられている。

14 ここでの正戦は、国際関係における戦争に対象を限定せず、無法な暴力と人権抑圧に向けられている。ホロコーストは、占領地域で行われた場合だけでなく、それがドイツの領土のなかで行われた場合も、やはり見過ごしてはならない暴力であった。無法な暴力を前に犠牲者を見殺しにすれば、ただ無法な支配を認め、支配者の恣意を認めることになる。侵略者に対する自衛戦争という、国際関係に限定した武力行使の正当化だけではなく、国の内外を問わず、深刻な人権抑圧が行われた場合には、その抑圧に対して立ち上がる責任と勇気が求められている。

15 武力行使そのものが倫理に反すると考える側からは、ただちに反論があるだろう。暴力に対して暴力で立ち向かえば、支配者の暴行を上回る暴力と破壊をもたらす可能性がある。暴力を退ければ犯罪の前に手をこまねくことになるが、暴力によって立ち向かえば、ただ戦火を拡大しかねない。

16 正しい戦争はあり得るのか、それともあらゆる戦争は正しくないのか？　西欧世界においてもアウグスティヌス以来争われてきたこの問題は、ただの抽象論ではない。犯罪者から武力で人質を奪回すべきかという問題に始まり、隣国で進む大量虐殺を黙視すべきかとか、戦争を避けるためには独裁政権とも手を結ぶべきかとか、およそ暴力を手段とするか否かの選択が争われる場合には繰り返し現れる、ほとんど日常的なジレンマである。

17 この論議に決着をつけることはここでの課題ではない。また、国際政治における現実主義の立場から、戦争は国家が政策を遂行する手段に過ぎない、戦争に正義はないし必要もないという主張もあるだろう。ここでの問題は、どの議論が説得力を持つかではなく、どの考え方が歴史的に選ばれたのか、という点にある。

18 ホロコースト博物館と広島の資料館を並べてみると、［ B ］、という結論になりそうだ。第二次大戦の経験が、欧米には正戦を、日本には反戦を伝えた。そして、日本の軍国主義を倒す戦争は正しい戦争ではなかったのかという厳しい問いが、その裏に控えている。

19 この結論には(イ)コチョウがある。後にみるように、ホロコーストから、また広島の被爆から引き出される教訓は一つに限られないし、時代によっても変わっていったからである。

日本の広島認識とか、アメリカのホロコースト認識などというまとめ方は、意見の多様性と時間による変化を無視する暴論になりかねない。

[20] しかし、武力行使をめぐるパラドックスはけっして架空のものではないし、ごく近年になっても続いている。その一例に、ユーゴ空爆に対する認識の相違を挙げることができる。コソボにおけるアルバニア系住民とセルビア系住民との対立に始まったこの紛争は、最終的に、ＮＡＴＯ軍によるベオグラード空爆を招いたが、欧米諸国と日本とではこの空爆が(2)まるで異なる受け止め方をされたからである。

[21] アメリカに限らず、欧米世界では、ユーゴに対する空爆はホロコーストのような異民族(ウ)ハイセキの再現を阻止するために必要であるという反応が、左右の政治的立場を横断してみられた。これに対し、日本では、左右を横断して、軍事行動への支持よりは(エ)ユウリョが、また不正に対する勝利よりは紛争解決への期待が表明された。欧米でホロコーストの悪夢が呼びおこされたのとは対照的に、そのようなホロコーストの「記憶」が日本で言及されることは少なかった。ユーゴ空爆は、当事者が「当たり前」として受け入れた戦争観が、地域と歴史経験によってどれほどの隔たりがあるのかを、改めて思い知らせる事件だった。

（藤原帰一『戦争を記憶する――広島・ホロコーストと現在』より。一部改変・省略）

**問一**　傍線部(ア)～(エ)のカタカナに該当する漢字と同じ漢字を（傍線を付した部分の漢字表記に）含むものを、次の各群の選択肢①～④の中からそれぞれ一つずつ選び、その番号を記入しなさい。

(ア)　フジョウリ
①人員にヨジョウが出る　②契約に新しいジョウコウを加える
③昔のことがノウリに浮かぶ　④会社にリレキショを提出する

(イ)　コチョウ
①コダイコウコクによって客の判断を誤らせる　②高齢を理由に会長就任をコジする
③国民の不満がチョウテンに達した　④裁判をボウチョウする

(ウ)　ハイセキ
①汚染物質のハイシュツ量を削減する　②当該議案は審議未了のためハイアンとなった
③卒業式でセキベツの情を抱く　④データをカイセキする

(エ)　ユウリョ
①地域の間で電力をユウズウする　②京都でユウキュウの歴史に触れる
③定年を待たずにユウタイする　④自社の株価にイッキイチユウする

**問二**　傍線部(1)「この二つの博物館は、戦争の記憶から引き出された、戦争と暴力についての価値判断が、まるで違う方向を向いている」とあるが、その違いはどのような点にあらわれているか。その説明として最も適切なものを次の選択肢①〜④の中から一つ選び、その番号を記入しなさい。

① 広島の記念館は、原爆を投下した相手方に謝罪を求めているのに対して、ホロコースト博物館は、ナチスによる迫害を知りながらそれを放置した諸国への反省を求めている。

② 広島の記念館は、戦場における戦闘行為として行われる虐殺の廃絶を求めているのに対し、ホロコースト博物館は、絶対平和のメッセージを投げかけている。

③ 広島の記念館は、核兵器の廃絶を訴えているのに対して、ホロコースト博物館は、絶対悪を前にしたときにその悪に向かって立ち上がらなければならないことを教えている。

④ 広島の記念館は、戦争を絶対悪とし、反戦・不戦というメッセージを発しているのに対し、ホロコースト博物館は、戦争という現実を受け入れることを求めている。

**問三**　空欄 A には、次のⅠ〜Ⅴを一定の順序に並べ換えてできる文章が入る。適切に並べたとき、**三番目になるもの**を記号で書きなさい。

Ⅰ もし、戦争を始める国家があるから戦争が起こるのだと考えれば、

Ⅱ 他方、戦争を遂行する手段がある限り平和が訪れないと考えれば、

Ⅲ 兵器による相手の抑止ではなく、兵器の放棄によって平和が実現することになるだろう。

Ⅳ その国家を脅し、抑止することで平和が成り立つ、という判断が生まれる。

Ⅴ 戦争についての、この二つの見方を一般化すると、どんな議論になるだろうか。

**問四** 空欄 B に入る文として最も適切なものを次の選択肢①〜④の中から一つ選び、その番号を記入しなさい。

① 欧米世界においてナチスドイツを追放する第二次世界大戦は「必要な戦争」であり、その第二次大戦が日本には「戦争を起こした政府の責任を問うべきだ」という意識をもたらした

② 欧米世界においてナチスドイツを追放する第二次世界大戦は「正しい戦争」であり、その第二次大戦が日本には「戦争は正しくない」という教訓を残した

③ 欧米世界においてナチスドイツを追放する第二次世界大戦は「不適切な戦争」であり、その第二次大戦が日本には「侵略には抵抗すべきだ」という教訓を残した

④ 欧米世界においてナチスドイツを追放する第二次世界大戦は「回避すべき戦争」であり、その第二次大戦が日本には「絶対平和を求めるべきだ」という意識をもたらした

**問五** 傍線部(2)「まるで異なる受け止め方をされた」の内容として、最も適切なものを次の選択肢①〜④の中から一つ選び、その番号を記入しなさい。

① 欧米社会では、ユダヤ人虐殺を防ぐための「正しい戦争」と受け止められたが、日本社会では、空爆そのものが悪と考えられた。

② 欧米社会にも軍事行動を悪と考える人がいた一方で、日本社会にも空爆を正しい力の行使として肯定的に評価する人がいた。

③ 欧米社会では、軍事行動がホロコーストの悪夢の再現を阻止するものとして容認されたが、日本では軍事行動への懸念が生じた。

④ 欧米社会では、軍事行動を認める声が多かったのに対し、日本社会では、原爆投下を絶対悪として認めない声

が起こった。

**問六**　本文の内容に合致するものには○、合致しないものには×を書きなさい。

① ユーゴ空爆では、広島の記念館とホロコースト博物館に見られる価値観の相違が、従来とは異なる形で表面化した。

② 日本の平和論における現実主義と、ホロコースト博物館が掲げる現実主義には、現実との向き合い方に違いがある。

③ 国の内外を問わず、深刻な人権抑圧に対して立ち上がる勇気を求めるのが、ホロコースト博物館の示す価値観である。

④ 広島の記念館の価値観に従えば、核兵器の使用という過ちが繰り返されぬよう、フジョウリには力で対抗すべきである。



**【解答欄】**

| | | | | |
|---|---|---|---|---|
| 問一（各2点） | (ア) | (イ) | (ウ) | (エ) |
| 問二（7点） | | | | |
| 問三（9点） | | | | |
| 問四（7点） | | | | |
| 問五（7点） | | | | |
| 問六（各3点） | ① | ② | ③ | ④ |

第8講

問題
Question

# 『アンドロイドは人間になれるか』

（石黒浩）

〔出題：関西学院大（改題）〕

| |
|---|
| 解答時間 |
| 25分 |
| 目標得点 |
| 35 / 50点 |
| 学習日 |
| ／ |
| 解答頁 |
| P.91 |



## ◆AI≒人間？

僕が高校生の頃、「自分探し」という言葉が流行《はや》っていました。若者たちが必死に「本当の自分」を探していたのです。これが厄介なのは、ゴールが判然としないことです。「落とした消しゴム探し」であれば、見つけたいもの（＝消しゴム）の姿が明確ですが、「自分探し」の場合、見つけるべき「本当の自分」とは何なのかがそもそもよくわからないのです。本講では『アンドロイドは人間になれるか』を扱いますが、この問いも同様の難しさを抱えています。そもそも「人間」とは何かがわからないから、アンドロイドが人間になれるかもわからない。それでもその問いが、人間への理解を深めてくれるのは確かでしょう。（西原）

# 第8講　次の文章を読んで、後の問いに答えなさい。なお、⑨～⑪の中に一箇所誤記された接続詞がある（問五参照）。

1　すぐれた技術を作るには、客観視する能力が必要である。主観だけでは、まともな機械は作れない。機械の設計をし、部品を組み上げるには、その前提として、ものごとを客観的に観察しながら、そこにある法則を見つけ出す能力がなければいけない。科学とは、簡単にいえば世の中で起こっている客観的な現象に法則を見つけ出すことであり、技術とは、そこから再現性のあるものを作る営みである。人間は、自分のことも、世の中のことも客観視できる。それが科学を生む大きな原動力になってきた。科学技術を進化させるためにもっとも重要なことは、物理現象の法則を見つけ、それを組み合わせることだ。それが可能になったのは、人間にこの大きな脳があったからである。脳が技術を進歩させてきた。

2　そして人間を進化させる技術のもっとも極端なかたちが、ロボットなのだ。人間の能力を置き換え、能力の限界を乗り越えるための手段が技術であり、機械である。人間と機械とは、その成り立ちから言って、切り離せない関係なのである。にもかかわらず、もっとも進化した機械であるロボットと自分を比べ、取って代わられることにおびえる。A奇妙な感じがしないだろうか。

3　ひとは、なぜロボットと人間を比べるのか。僕の考えはこうだ。もはやロボットが人間そのものに近づきつつあるから——言いかえれば、人の定義が見え隠れしだしているからである。「人とは何か」の本質がそこにあるという直感が、否応なくひとをロボットに惹きつけ、また逆に、(a)キョウ威として畏れさせる理由の根源にあるのだ。

4 僕たちはこれまで「人間の下に機械がある」という階層構造を信じてきた。だがここまで機械が発達し、ロボットが進化してくると、本当にそうなのかが、あやしくなってくる。

5 人間こそがもっとも偉く、高等な生物であるという考えは、とくにヨーロッパやキリスト教圏では根強い。ヨーロッパではもともと、人間の下に機械や動物を置くだけでなく、人間の中でも貴族、平民、奴隷を分けてきた。ヨーロッパ大陸は地続きである。そこに多種多様な民族がおり、争いは絶えず、つねにある集団に別の集団が支配する／されるという歴史をくりかえしてきた。とくに今日ほど機械が発達していない時代に「いい生活をする」には、他者を虐げ、利用することが必要だった。こうした環境で歴史を積みかさねてきたひとびとは、人間に近いものが出てくると、かならずクラス（階層）を分けようとする。ところが日本では平然と「ロボットの方が人間よりすごい」だとか「ロボットになりたい」と言う人間が少なくない——しかし、こうしたB比較文化論に深入りするのはやめておこう。

6 いずれにしろ、比較するも何も、「人間とは何か」の定義がわからないのである。これはロボットも同じだ。「ロボットとは何か」もまた、十分に定義されていない。定義されてい

8

ないもの同士を比べるのは、本来、矛盾をきたしている。

7 多くの人は「人間というCカテゴリに自分を入れてください」「人間はロボットより偉いことにしておいてください」と(b)セン在的に思っている。そうやって「そもそも人間がロボットより優位である」ということにしておかなければ、個別のタスクで比べられると、人間はすでに機械に勝てない。たとえば、どれだけ速く計算できるか、たくさん記憶できるか、正確にものを組み立てられるか、どれだけクイズに強いか、どれだけ早く株をトレードできるか、どれだけチェスが強いか……。やるべき作業が明確に定義できる仕事は、ほぼすべて機械が勝つ。

8 二〇〇九年にアメリカの巨大メーカー、ＩＢＭのコンピュータプログラムである「ワトソン」がクイズ番組に出演し、人間のクイズチャンピオンに勝った。ふつう、クイズでは答えを「考える」と言うし、見ている側も一緒に「考えている」はずである。ところが、クイズで人類はコンピュータに負けた。「考える」という行為が人間にしかできない、人間だからこそできることだとすると、プログラムのワトソンは人間になったのか。それともクイズにおける「考える」という行為は、「考える」ということではないのか。

9 人間がしている「考える」という行為を細かく定義し、個別の作業に分解していくと、ほとんどのことは簡単にコンピュータに置き換えられる。おそらく「考える」という言葉が差し示している作業の大半は、それ自体はさほど人間らしいことではない。むしろ人間らしいのは、「考える」という言葉の中身を理解しないままに、その曖昧な言葉を使うこと、使えてしまうことである。

10　曖昧なまま作業をしている例として、複雑な文章を構成したり、言葉をやりとりしたり、解釈をするといった仕事がある。こうした曖昧で、タスクの定義がきれいにできていない(c)リョウ域では、ロボットはまだ人間に勝てない。タスクの定義ができないものを、プログラムすることはできない(=コンピュータに行わせることはできない)のだ。ほかにもたとえば、医者の仕事のなかでも、最先端で複雑すぎるもの、まだ研究(d)ト上であって何が正しいのか明確に言い切れないものは作業の定義のしようがないから、コンピュータが代替することは難しいだろう。「風邪を治す」こともそうだ。人間が風邪をひくメカニズムは明確にはわかっておらず、どうやって治るのかもはっきりとはわかっていない。だからいまは人間が適当に薬を出し、「これで様子を見ましょう」と言っているだけだ。コンピュータにもそれぐらいのことはできるかもしれないが、医者と違ってロボットに「責任を取らせる」しくみがないことも、また問題である。

11　しかし、定義可能な作業においては、ほとんどすべてロボットが勝つ。加工食品に対する異物混入が問題になったことは記憶に新しいが、本当はロボットに作らせたほうが生産性は高く、ミスも起こらない。だから、現状では日本産の高級なロボットよりも中国やタイで人間がラインに立ってつくった方が安い。コストを考えた結果、異物混入やいい加減な作業をする可能性があっても、人間の手によって海外の工場で生産しましょう、と意思決定しているだけなのである。

12 ここまで言っても「自分たち人間はロボット以下である」、少なくとも「ロボット以下である場合がある」と認めたくないひともいるかもしれない。

13 では問いを逆転させてみてはどうか。

「なぜ人間はロボットより優れていなければいけないのか？」

14 僕にはこの答えがわからない。

15 人間は技術によって進化してきた。Dつまり本来、人間とは、自らがつくってきた機械やロボットも含めて人間なのだ。それでも、あとからやってきたロボットよりも自分の能力が劣っていると言われると、［　E　］したくなる。人間の方が優れているのだと言ってほしいと思う。われわれは「人を差別するな」と言われるし「動物を大事にしよう」とも言われる。だから基本(e)理ネンとしては「世の中に存在するすべての生き物は平等に生きる権利を持つ」というのがもっともわかりやすいはずだ。しかし人間は、人間だけが特別であってほしい、ロボットより優秀だとどこかで思っている。実際には人間は、今や大半の仕事で、ロボットよりも能力的に劣った存在である。だが、人間が動物に対して必ずしも能力でその価値を判断していないように、F人間もペットの犬や猫と同じように生きてもかまわないはずなのだ。能力がロボットに及ばずとも、生きられるにきまっている。しかし、

「人間こそが最高の存在である」というロイヤリティを失ってしまうことに、多くの人は恐怖を感じる。

16 僕は人間とロボット、人間と動物の区別はなくなっていっていいと思っている。区別がなくなればなくなるほどに、人間はロボットと本質的に何が違うのか、人間とは何か？　これらについて、退路を断った深い考察が進められるからだ。そうして人間は進化していくものなのだと、僕は考えている。

（石黒浩『アンドロイドは人間になれるか』より）

問一　傍線部(a)〜(e)のカタカナの部分を漢字で書いたとき、傍線部に同一の漢字を使うものを次の㋑〜㋭からそれぞれ一つずつ選び、その符号を記入しなさい。

(a) キョウ威　㋑矯　㋺強　㋩恐　㊁脅　㋭境
(b) セン在的　㋑選　㋺潜　㋩宣　㊁詮　㋭先
(c) リョウ域　㋑量　㋺領　㋩瞭　㊁了　㋭良
(d) ト上　㋑図　㋺渡　㋩徒　㊁塗　㋭途
(e) 理ネン　㋑燃　㋺然　㋩念　㊁粘　㋭年

問二　傍線部A「奇妙な感じがしないだろうか」とあるが、なにが「奇妙」なのか。2**の語句を用いて、**七五字以内で説明しなさい。

問三　傍線部B「比較文化論」とあるが、ヨーロッパと日本とでロボット観はどのように異なっていると考えられるか。最も適当なものを次の㋑〜㋭から一つ選び、その符号を記入しなさい。

㋑キリスト教圏のヨーロッパではロボットを動物同様の地位に置くが、日本ではロボットを動物より優れた存在だと見なす。

㋺多民族で構成されるヨーロッパでは人間に近いロボットを一つの種族として区分するが、一民族が多数を占める日本ではロボットを自らの中に取り込もうとする。

㋩ヨーロッパでは人間がいちばん高等であり、ロボットは利用する存在でしかないが、日本ではロボットを人間より優れたものと認める人がいる。

㊁多民族が争ってきたヨーロッパでは、ロボットと人間との間の戦争を想像して不安になる人が多いが、日本では人間に近いロボットに親しみを感じる人が多い。

㋭身分制度が明確なヨーロッパにおいてロボットは奴隷同然に扱われるが、日本ではロボットと人間とは平等の権利を持つと考える人が多い。

**問四**　傍線部Ｃ「カテゴリ」とはどのような意味か、最も適当なものを次の㋑～㋭から一つ選び、その符号を記入しなさい。
㋑社会　㋺共同体　㋩周縁　㊁範疇《ちゅう》　㋭概念

**問五**　9～11の中に一箇所、誤記された接続詞があり、文意が通らなくなっている。その接続詞を抜き出しなさい。

**問六**　傍線部Ｄ「つまり本来、人間とは、自らがつくってきた機械やロボットも含めて人間なのだ」とあるが、それはどういうことか。最も適当なものを次の㋑～㋭から一つ選び、その符号を記入しなさい。

㋑人間とは、自らと外見が似ているものを包含する存在であるということ。

㋺人間とは、さまざまな発明の歴史の中に置かれた存在の一つに過ぎないということ。

㋩人間とは、自らの手で生み出したあらゆるものを包摂する存在であるということ。

㊁人間とは、自らが生み出したものにいつかはとってかわられる存在であるということ。

㋭人間とは、機械やロボットを仲間として受け入れる宿命をもった存在であるということ。

8

**問七**　空欄**E**に入る言葉として最も適当なものを次のⓘ～ⓗから一つ選び、その符号を記入しなさい。

㋑共感　　㋺達観　　㋩謙遜　　㋥反芻《すう》　　㋭拒絶

**問八**　傍線部**F**「人間もペットの犬や猫と同じように生きてもかまわないはずなのだ」とはどういうことか。その説明として最も適当なものを次の㋑～㋭から一つ選び、その符号を記入しなさい。

㋑人間には、能力の優劣にかかわらず生きる権利があるはずだということ。

㋺人間や動物と同じように、ロボットも平等に扱われるべきだということ。

㋩人間にも、いつかロボットより優れた価値が見つかるはずだということ。

㋥動物と同じように、人間がロボットに支配されても構わないということ。

㋭人間は能力の不足をとくに気にせず日々の生活を送っているということ。

【解答欄】

問一（各１点）
(a)
(b)
(c)
(d)
(e)

問二（12点）

問三（６点）

問四（４点）

問五（６点）

問六（６点）

問七（５点）

問八（６点）

8

第9講

問題
Question

# 『「かわいい」論』

（四方田犬彦）

〔出題：関西外国語大（改題）〕



| | |
|---|---|
| 解答時間 | 25分 |
| 目標得点 | 35／50点 |
| 学習日 | ／ |
| 解答頁 | P.105 |

## ◆「かわいい」の魔力

「（現在の大学生は）『かわいい』という言葉がもつ魔術的な牽引力《けんいんりょく》に魅惑されながらも、同時にそれに反撥や嫌悪をも感じている。『かわいい』ものに取り囲まれている日常を送りながらも、この言葉が意味もなく万事において濫用《らんよう》されていることに不快感を感じている。自分を『かわいい』とは思えないにもかかわらず、人から『かわいい』と呼ばれたいと思い、また不用意に『かわいい』と呼ばれることに当惑と不快感を感じもしている」（四方田犬彦《よもたいぬひこ》）——「かわいい」が喚起《かんき》する複雑な感情。あなたは「かわいい」と言われたらどんな気持ちになりますか？（西原）

# 第9講　次の文章を読んで、後の問いに答えなさい。

1 ※今日では「かわいい」は、世界のいたるところで出会うことになる現象である。ためしに渋谷でも原宿でもいい、東京で若者の集う(ア)ハンカ街を歩いてみよう。デジタルディスプレイから店先の広告まで、街角の映像と記号の多くには、「かわいい」の香辛料が振りまかれている。本来は厳粛な空間であるべき銀行ですら、漫画のキャラクターを大きくあしらっている。通行人はというと、細々《こまごま》としたストラップで飾り立てた携帯電話をひっきりなしに用い、友人に贈り物をするために小さなグッズの探索に忙しい。そのバッグには小さなヌイグルミが結び付けられていたり、アニメのキャラが描かれていたりする。若者たちのストリートファッションは、ロンドンのパンクやモッズと違い、対抗文化のもつ政治性をいっさい感じさせない。彼らは「かわいい」がゆえに、そうした服装を選択するのだ。八〇年代の丸文字と「のりP語」、九〇年代の「オタク」、そして二〇〇〇年代の「萌《も》え」ブームまで、日本の「かわいい」文化は世界のサブカルチャーのなかでも、徹底した脱政治性においてて独自のものといえるだろう。

2 だが日本を離れれば「かわいい」文化から離脱できるかというと、事態は逆である。日本のTVアニメが放映されているところ、巨大な両眼のなかに星を浮かべた少女たちの漫画が読まれているところ、お気に入りのプリクラを作成するために少女たちが長蛇《ちょうだ》の列を作

※…四方田犬彦『「かわいい」論』は二〇〇六年発行。

るところ、そして美少女を象《かたど》ったフィギュアとキティちゃんグッズがショウウィンドウに陳列されているところ、そこには例外なく「かわいい」美学が君臨する空間がある。「かわいい」の美学は国境を越え、民族と言語の壁を越え、思いもよらぬところで人々に蒐集《しゅうしゅう》を呼びかけ、コスプレの変身原理となり、消費社会の重要な参照項目と化している。

3 そう、「かわいい」は今や全世界を覆い尽くす一大産業と化している。任天堂はポケモン・グッズで五〇〇〇億円を越すビジネスを商い、日本発のキャラクター商品の総売上は年間に二兆円を越している。キティちゃん関連のグッズは六〇カ国で販売され、その点数は五万点に及んでいるのだ。

4 小さなもの。どこかしら懐かしく感じられるもの。守ってあげないとたやすく壊れてしまうかもしれないほど、脆弱《ぜいじゃく》で儚《はかな》げなもの。どこかしらロマンティックで人をあてどない夢想の世界へと連れ去ってしまう力をもったもの。愛らしく、綺麗《きれい》なもの。眺めているだけで愛くるしい感情で心がいっぱいになってしまうもの。不思議なもの。たやすく手が届くところにありながらも、どこかに謎を秘めたもの。ひとたび「かわいい」という魔法の粉を振りかけられてしまうと、いかなるボン(イ)ヨウな物体でさえ、急に親密感に溢《あふ》れた、好意的な表情をこちら側に向けてくれることになる。無罪性と(a)安逸さに守られたユートピア。そこでは現実原則の桎梏《しっこく》から解放された者たちが、人形やヌイグルミからアニメの登場人物までに無限の愛情を注ぎながら、無時間的な幸福さに酔い痴《し》れることになる。

5 「かわいい」に対しては、批判がないわけではない。

6 ニューヨークのタイムズスクウェアには、かつて大ポルノショップ街だったところが整理され、今では「ハローキティ」の専門店がドカンと建っている。文字通り「かわいい」子猫の人形からシール、文房具、ヴィデオ、その他ありとあらゆるグッズがここでは販売されている。このキティちゃんブームに反撥《はんぱつ》を覚えたアメリカのある女性パフォーマーが、ハローキティに口がないのはアジアの男性優越主義が女性に沈黙を強要していることの証であると告発したと、研究者は報告している。

7 これに関連して、個人的な思い出を話しておきたい。わたしはある時、ニューヨークの女性編集者と「かわいい」をめぐる話をしていたとき、現在のアメリカでは女性を不用意にcuteと呼ぶことは、政治的公正さを無視した差別擁護の運用に当たることになると、強い詰問口調でいわれたことがあった。［V］彼女は奇妙なことに、女性が少年をとらえてa cute boyと呼ぶことにはいささかも疑問を感じていなかった。［W］cuteには、それに固有の支配の力学があり、それはすぐれて政治的なものとなりうることを、わたしはこの時の対話から知った。わたしの友人に、日本人ではあるが「キューティ」というニックネームをもった美しい女性がいる。オペラや芝居の買い付けのために世界中を飛び回っている相当な経歴の持主なのだが、彼女は今の話をいったいどう思うだろうか。

8　わたしの見聞したかぎり、「かわいい」に対してもっとも深い憎悪を示したのは、社会学者の上野千鶴子である。彼女は老人問題を扱った最近の著作のなかで、「かわいい」とは「女が生存戦略のために、ずっと採用してきた」媚態《びたい》であると一刀両断し、子供や孫に面倒を見てもらうために「かわいい」老人であることが推奨されている今日の日本社会のあり方に、疑問を呈している。かわいければ得をする。かわいくなければ女じゃない。こうした認識はまさしくイデオロギー的なものであって、女性を旧来の依存的存在に押し留めておくための方便であり、またかかる状況にあって女性が生き抜いていくための生存戦略でしかない。老人と子供が「かわいい」と呼ばれるのは、いずれもが責任能力を欠落させた存在であるためであり、厄介者、お荷物扱いされる点では、変わるところがない。このように立論する上野は、人から「かわいくない女」と呼ばれていることを得意げに披露し、(A)老後にあっても「かわいいお婆ちゃん」であることを拒否したいと、堂々と抱負を述べている。

9　「かわいい」現象がこうして毀《き》誉《よ》褒《ほう》貶《へん》のただなかにあることは、それが現代日本の神話としてきわめて大きな意味を担っていることを物語っている。事実それは天蓋のように、日本という社会を覆っているのだ。だが、そうした状況は一朝一夕に準備されたものではない。わたしは文化本質論を気取るつもりはないが、十一世紀の『枕草子』に有名な叙述があるように、日本文化の内側に、小さなもの、幼げなものを肯定的に賞味する伝統がカッ

(ウ)コとして存続してきたことは、やはり心に留めておくべきだと考えている。それは欧米のように未成熟を成熟への発展途上の段階と見なし、貶下《へんげ》して裁断する態度とは、まったく異なっている。「かわいい」を二十一世紀の後期資本主義社会の世界的現象とのみ理解するだけでは、それが日本から発信されたことの理由が理解できなくなってしまうだろう。(B)共時的な認識と通時的な認識とを同時に働かせないかぎり、「かわいい」の美学、神話学に接近することはできないのだ。

[10] 思い出してみようではないか。かつて十一世紀の日本の貴族社会は、すべての物が移りゆくという無常を前に「もののあはれ」という美学を説いた。十三世紀の歌人は、あえて感情を明示せず、暗示に富んだ表現に徹することを［ X ］と呼んだ。十六世紀の茶人は色彩を極度に抑制し、偶然と不規則性を愛し、(b)豪奢の不在を想像力で補うところに［ Y ］の顕現を見た。そして十八世紀の遊女は、意地と媚態と諦念《ていねん》からなる［ Z ］を洗練された行動原理とした。であるとすれば、小さな物、どこかしら懐かしく、また幼げである物を「かわいい」と呼び、それを二十一世紀の日本の美学だと見なしたところで、どうしていけないことがあるだろう。しかもその美学は、美学の枠をはるかに超えて、全世界に跨《またが》るイデオロギーとして(c)蔓延《まんえん》しつつあるのである。

（四方田犬彦『「かわいい」論』より）

**問一**　傍線部(ア)～(ウ)と同じ漢字を含むものを、次の各群の①～⑤のうちから、それぞれ一つずつ選べ。

(ア) ハンカ街
① 草木がハンモする
② カタカナ語のハンラン
③ ハンヨウ性の高い品物
④ 原因がハンメイする
⑤ 皇室テンパン

(イ) ボンヨウ
① ヨウエンな姿
② ヨウキョクと仕舞
③ 転地してヨウジョウする
④ チュウヨウの美徳
⑤ ヨクヨウをつけて読む

(ウ) カッコ
① 資源がコカツする
② ダンコ反対する
③ コベツの案件
④ コグン奮闘する
⑤ オンコ知新

**問二**　傍線部(a)～(c)の類義語として最も適当なものを、次の各群の①～⑤のうちから、それぞれ一つずつ選べ。

(a) 安逸さ
① 滑稽さ　② 便利さ　③ 手軽さ　④ 容易さ　⑤ 気楽さ

(b) 豪奢
① 膨大　② 強力　③ 静寂　④ 鮮明　⑤ 華美

(c)蔓延する
① おおう　② はびこる　③ ちる　④ しみこむ　⑤ しげる

**問三** 空欄 V ・ W にはどのような接続詞が入るか、最も適当なものを、次の①～⑤のうちから一つ選べ。
① V だから　W それゆえ
② V もっとも　W ともあれ
③ V それに　W そして
④ V また　W さらに
⑤ V ちなみに　W そこで

**問四** 傍線部(A)の理由として最も適当なものを、次の①～⑤のうちから一つ選べ。
① かわいい方が得なのは否定できない事実だから。
② 人にこびへつらう老人は厄介者扱いされるから。
③ 最近は女性に依存する男性も増加しているから。
④ 責任能力のある大人として生きていきたいから。
⑤ かわいい老人であることが推奨されているから。

**問五** 傍線部(B)が指すものとして最も適当なものを、次の①～⑤のうちから一つ選べ。
① 欧米社会の態度と、後期資本主義社会の世界的現象
② 現代の欧米社会の態度と、十一世紀以来の日本文化の伝統

③現代の日本の神話と、十一世紀の日本文化
④欧米社会の態度と、日本文化の歴史
⑤今日の世界的現象と、日本文化の伝統

**問六**　空欄［X］・［Y］・［Z］に入るものの組み合わせとして最も適当なものを、次の①〜⑤のうちから一つ選べ。

①X わび　Y 幽玄　Z いき
②X 幽玄　Y わび　Z いき
③X わび　Y いき　Z 幽玄
④X いき　Y 幽玄　Z わび
⑤X 幽玄　Y いき　Z わび

**問七**　本文の内容にあてはまるものには「ア」、あてはまらないものには「イ」と書きなさい。

①「かわいい」は世界的現象であるが、批判的な意見もまた国内外に存在する。
②「かわいい」は、未熟さを否定する欧米の社会ではあまり注目されていない。
③今日の「かわいい」現象は、美学的ひいては思想的な考察の対象となりうる。
④歴史を遡ると、「かわいい」のように日本から世界に発信された文化は多い。
⑤小さなものを好む伝統的価値観と、今日の「かわいい」現象は区別すべきだ。

【解答欄】

問一（各2点）
(ア)
(イ)
(ウ)

問二（各2点）
(a)
(b)
(c)

問三（6点）

問四（6点）

問五（8点）

問六（8点）

問七（各2点）
①
②
③
④
⑤

第10講

問題
Question

# 『人間らしさ』

（上田紀行）

〔出題：学習院女子大（改題）〕

| 解答時間 | 目標得点 | 学習日 | 解答頁 |
| --- | --- | --- | --- |
| 25分 | 35／50点 | ／ | P.115 |

## ◆「中庸《ちゅうよう》」という勇気

「論壇を活性化するのは、毒々しい極論であってはならない。極論や紋切《もんき》り型《がた》の二分法を好むのは、使い古された言葉のブローカーと堕《だ》した商業主義だけである。二つのうちどちらかを選択するというのはたしかに勇気がいるが、たやすくは決断しないということにも勇気がいる」（猪木《いのき》武徳《たけのり》『自由と秩序』）

世の中には、「（政治的に）右か左か」「（結婚相手を選ぶなら）愛かお金か」といった二者択一が溢れています。でも、大切なのは、一方の極端に偏らず、また、立場そのものに固執せず、両者のバランスを考え続けていくことでしょう。本講では、「人間らしさ」について、異なる二つの立場を参照しながら考えます。（西原）

# 第10講　次の文章を読んで、後の問いに答えなさい。

1 「人間らしさを問う」というのは、実はとてつもなく難しいことです。

2 というのも、人間らしさを考えるためには、まずその前提として人間とは何かという定義を決めて、その定義に照らして人間らしいか否かを導く必要があるからです。

3 しかし、人間をどのように定義するかについては、個々人によって相当違います。文化によっても異なるし、社会によってもさまざまな定義があります。人間の歴史を振り返ると［ A ］の人間の定義があり、現在の社会にも多種多様な人間像が存在しています。ですから、人間らしさとはこういうことであり、こういう部分は人間らしくないと言ってしまうと人間らしさを一つの考え方に固定することになり、［ B ］な視座を見失う危険が伴います。

4 「らしさ」という表現は別に人間に限りません。男らしさ、女らしさ、子どもらしさなどいろいろな言葉に使われます。

5 たとえば、男らしさについて考えてみましょう。

6 大学の講義で学生たちに「このなかで自分が男らしいと思う人、手を挙げて」と聞くと、ほとんどの学生が手を挙げません。おそらく、東京・新橋の街頭でサラリーマンにマイクを突きつけて聞いても「私は男らしいです」と答える人はそう多くはないでしょう。

7 つまり、男であるという現実から導き出される理論や法則として男らしさがあるわけではないということです。男であることから C に男らしさが論じられるわけではない。また、国民全体を対象に統計をとって、そのなかからもっともパーセンテージが多い傾向を男らしさと認定できるわけでもありません。

8 日本という国のある場所で、ある時代のある文化のなかで男らしさが定義されていて、それと照らし合わせながら私たちは男らしさを考えているわけです。だから、多くの男性は「自分は男らしくない」と思っているし、多くの女性は「自分は女らしくない」と思っている。もちろん、誰かのことを「彼は男らしい存在だ」と言うことはできますが。

9 このように考察したうえで、一般的に言われている男らしさについて考えてみると、決断力がある、リーダーシップがある、たくましい、ガタイがいい、筋肉質といったイメージでしょう。一方、女らしさはと言うと、おしとやかで、気配りがある、優しい、あまり自己主張せずに他人に合わせていくといったイメージです。

10 男という性のなかに本質的に男らしさがあるという考え方を本質主義と言います。つまり、男というものは本質的に〇〇である、という考え方です。

11 これに対して、男らしさというのはその時代のその文化において定義されているのであって、時代や文化を超えた男らしさの本質など存在しないという考え方を構築主義と呼んでいます。

12 こうした本質主義と構築主義の闘いは学問の世界にとどまらず、現実の世界でも数多く起こっていることです。

13 たとえば、さまざまな宗教において、いわゆる原理主義と呼ばれるような立場で活動する人たちは本質主義に立脚していると言ってよいでしょう。彼らはその宗教の教義や、経典に残されているような人間観に立脚し、それ以外の考え方に対し不寛容な態度を取ることが多い。その宗教が立脚している人間像を絶対的なものとして崇めているからで、違った立場を認めてしまうと、その宗教を信じている自分自身の存在を、ある種否定してしまうようなことになってしまうからです。

14 一方、私たち文化人類学者や社会学者などは構築主義の立場に立っています。男らしさについても、時代や民族によって男らしさの指標が違うことは、すでに先人の文化人類学者の研究によって明らかにされているからです。

15 しかし、もし文化人類学者や社会学者のようにすべてが構築されていると考えるならば、時に「人間らしさなど考えても仕方がない」という［D］的な立場に陥ります。「君の主張する人間らしさとぼくの言っている人間らしさは違うわけだから、そんなことを語っても意味がない。一人一人で違うのだから」ということです。

16 逆に本質があるという立場からすれば「私の考えている人間らしさが正しいので、間違った考えを持っているヤツらを成敗しなければいけない」とか「間違った人間らしさ像がはびこっている。ああいうことを言うヤツがいるから世の中が悪くなっている。私の言っている人間らしさを守るべきだ」といった言説にもつながります。「全く近頃の若者はなってない。人間としての基本を忘れている」といった言説も、根は同じです。

17 それでも、私たちが今ここで人間らしさを問うことには、大きな意味があると考えています。

18 一つには、(略)構築主義の考え方からしても人間らしくないと思わざるをえない世の中になっているような感覚があること、もう一つには、そういった世の中の流れが、世界中で起こっている民族や宗教の対立を生んでいることです。

19 特に昨今世界を震撼させているイスラム過激派たちの活動は、自らの社会を脅かす西洋文明的な価値観に対する異議申し立ての側面を持っています。二〇一四年四月にナイジェリアにて、三〇〇名近くの女子生徒が、イスラム過激派集団により拉致されるという事件が起こりました。女学生が自由な信仰を持って西洋的な教育を受けている状況は、拉致を行った過激派たちが理想とする人間観とはかけ離れたものだったからです。つまり、［ X ］であるという見方もできるわけです。こういった状況で「人間らしさはそれぞれ」と主張するだけでは、問題解決の糸口は見えてきません。

20 だからこそ、さまざまな言説が、実は時代や文化のなかで構築されているということを理解しながらも、［ D ］に陥ることなく、一人一人が人間とは何かを考えていくということ、そのことが、人間らしい社会を築くための、現代における人間らしさとして求められているのだと思います。

21 科学技術に対する過剰な信仰や、敗者を切り捨てる新自由主義的な市場状況や、人間が道具のように扱われている労働環境に対して違和感を持ったとして「そもそも人間とはこういうものだからよくない」という理屈で押し切るのでは、(ア)イスラム原理主義者たちの主張と変わらない論理になってしまいます。

22 私が研究している(イ)仏教は宗教のなかでは特別で、いわば相対主義を極めた宗教と言えるかもしれません。「あらゆる事物は構築されたものであり、煩悩や執着にとらわれてはダメ。それでは物事の本質は見えてきません」と説いているからです。そうして構築されたものであるにもかかわらず、金や権力、愛欲などを本質だと思っている凡夫の誤謬を糺《ただ》しているのです。

23 まとめますと、構築主義の考え方からしても人間らしくないと思わざるをえない世の中とはいったい何なのか、そして、その世の中で、何を人間らしさとして主張することが求められるのか、というのが本書で考察する問いになります。

（上田紀行『人間らしさ』による）

**問一**　空欄A～Dに入る最も適当な語を次の㋑～㊁からそれぞれ一つずつ選びなさい。ただし、同じ文字の空欄には同じ記号が入る。

**A**　㋑千客万来　㋺千変万化　㋩千思万考　㊁千差万別

**B**　㋑トータル　㋺ヒストリカル　㋩ミクロ　㊁ラディカル

**C**　㋑理想的　㋺総合的　㋩帰納的　㊁感覚的

**D**　㋑ヒューマニズム　㋺ニヒリズム　㋩エゴイズム　㊁オプティミズム

**問二**　空欄**X**に入る最も適当な語句を次の㋑～㊁から一つ選びなさい。

㋑「人間らしさ」によって性差別を克服した地域

㋺「人間らしさ」を放棄せよという教養

㋩「人間らしさ」の解明が求められる難題

㊁「人間らしさ」の対立が起こした悲劇

**問三**　傍線㋐「イスラム原理主義者たちの主張と変わらない論理」とあるが、この論理を表わす語として最も適当なものを次の㋑～㊁から一つ選びなさい。

㋑構築主義　㋺本質主義　㋩新自由主義　㊁相対主義

**問四**　傍線㋑「仏教は宗教のなかでは特別」とあるが、なぜ仏教が「宗教のなかでは特別」だと言えるのか。問題文の趣旨にそって五〇字以内で説明しなさい。

10

**問五** 次の㋑〜㋥について、本文の内容に合致すれば○、合致しなければ×を書きなさい。

㋑ 構築主義の考え方によって人間らしさが否定されてしまった現代だからこそ、仏教の教えに立ち戻る必要がある。

㋺ 自由な信仰を持って西洋的な教育を受けた不寛容なイスラム過激派たちは、多くの女子生徒を拉致した。

㋩ 現代においては、人間らしさとは何かを問い続ける姿勢こそが人間らしさであると言ってもよい。

㋥ 女らしさを、時代や文化を超えたすべての女性がもっている特質として定義することは困難である。

10

【解答欄】

問一（各3点）
A
B
C
D

問二（8点）

問三（8点）

問四（10点）

問五（各3点）
㋑
㋺
㋩
㊁

## 現代文の読解力を伸ばすための おすゝめ本一覧

### 【評論・その他】

①『**生きる意味**』上田紀行
★自分は何のために勉強するのか。自分と社会の見つめ直しを迫る一冊。

②『**ふしぎな社会**』（『**面白くて眠れなくなる社会学**』）橋爪大三郎
★現代文に頻出の論点をテーマごとに説明。難しい学問用語は一切なし。

③『**独立国家のつくりかた**』坂口恭平
★普通の人は国家を作ろうなんて思わない。でも「普通」って正しいの？

④『**負けない力**』橋本治
★「負けない力」＝「知性」＝自分にとって必要なものを見つけ出す能力。

⑤『**フランス革命　歴史における劇薬**』遅塚忠躬
★フランス革命研究にすべてを捧げた著者による、中高生向けの入門書。

⑥『**進化しすぎた脳―中高生と語る「大脳生理学」の最前線**』池谷裕二
★中高生を相手に脳研究者が語りまくる。知的興奮間違いなしの講義録。

⑦『**本当の戦争の話をしよう―世界の「対立」を仕切る**』伊勢﨑賢治
★「紛争請負人」と高校生との熱い対話の記録。今こそ読みたい一冊。

⑧『**一神教と国家**』内田樹／中田考
★世界の宗教を理解するための最良の手引き。面白過ぎてびっくりした。

⑨『**子どもの難問**』野矢茂樹　編著
★現代日本を代表する哲学者たちが、子どもの素朴な問いに真剣に答える。

⑩『**「最高の授業」を世界の果てまで届けよう**』税所篤快
★教育格差をなくすべく、後先考えずに世界に飛び出した熱い男の記録。

⑪『**スローカーブを、もう一球**』山際淳司
★極限状況のアスリートの内面を丁寧に描いたノンフィクションの名作。

⑫『**夜を乗り越える**』又吉直樹
★文学を愛するお笑い芸人による、面白くてためになる文学へのお誘い。

⑬『**詩のこころを読む**』茨木のり子
★詩の読み方、味わい方がわかる本。取り上げられている詩がまた素敵。

⑭『**中高生のための文章読本　読む力をつけるノンフィクション選**』澤田英輔他・編
★本を読むって面白い。読んで考え、また読んで。世界が広がる作品集《アンソロジー》。

### 【小説】

①『**昔、そこに森があった**』飯田栄彦
★登場人物と共に笑い共に泣く。ここまで没頭できる物語はそうはない。

②『**かわいそうだね？**』綿矢りさ
★ポップに描かれる男の浅はかさと女のたくましさ。さすがは綿矢りさ。

③『**博士の愛した数式**』小川洋子
★数学が好きとか嫌いとかとは無関係にお勧めできる、暖かな愛の物語。

④『**何者**』朝井リョウ
★「意識高い系」学生の気持ち悪さを見事に描写。後半に驚きの展開が。

⑤『**ジェノサイド**』高野和明
★読み始めたら最後、何も手につかなくなるため、読んではいけません。

⑥『**海底二万里**』ジュール・ヴェルヌ
★ＳＦの開祖、ヴェルヌの最高傑作。面白過ぎる。続編は『神秘の島』。

⑦『**モモ**』ミヒャエル・エンデ
★コスパ、タイパ、時短、効率……。せかせかせずに『モモ』を読もう。